高职英语教学及其信息化发展研究

刘春林 著

中国大地出版社
· 北 京 ·

图书在版编目（CIP）数据

高职英语教学及其信息化发展研究 / 刘春林著. —
北京 : 中国大地出版社, 2023.12
ISBN 978-7-5200-1223-2

Ⅰ. ①高… Ⅱ. ①刘… Ⅲ. ①英语－教学研究－高等
职业教育 Ⅳ. ①H319.3

中国国家版本馆 CIP 数据核字（2024）第 005370 号

GAOZHI YINGYU JIAOXUE JIQI XINXIHUA FAZHAN YANJIU

责任编辑：王雪静　谭　笑
责任校对：关风云
出版发行：中国大地出版社
社址邮编：北京市海淀区学院路31号，100083
电　　话：（010）66554528（邮购部）；(010)66554542(编辑室)
网　　址：https：//www.chinalandpress.clmpg.com
印　　刷：中煤（北京）印务有限公司
开　　本：787mm×1092mm 1/16
印　　张：10
字　　数：170千字
版　　次：2023年12月北京第1版
印　　次：2023年12月北京第1次印刷
书　　号：ISBN 978-7-5200-1223-2
定　　价：58.00元

前　言

高职教育在高等教育中的地位日益突出，已成为我国高等教育必不可少的一个重要组成部分。高职英语教学及其信息化的发展研究，对提高高职英语教学具有十分积极的作用。

目前，从我国高校英语信息化教学的整体情况来看，英语信息化教学状况并不乐观。因此，分析当代高校英语教学的理论依据，探究英语教育的发展与模式的创新，以便更好地为国家、社会培养出更多高水平的创新型复合人才是我国高等教育英语教学研究的重要课题。

本书共分为五章。第一章，英语教学的理论认识，介绍了现代英语教育及其特征、原则与影响因素；第二章，高职英语教学的理论依据，包括建构主义理论与高职英语教学、多元智能理论与高职英语教学、学习者需求理论与高职英语教学、语言学习风格理论与高职英语教学、人本理论与高职英语教学、掌握学习理论与高职英语教学；第三章，高职英语教学发展的三个维度，包括文化发展维度、情感发展维度、学习发展维度；第四章，基于信息化视角的英语教育发展，包括信息技术与现代英语教育教学、现代英语信息化教育模式分析、基于信息化的英语师生课堂互动、全球化下信息技术与教师专业化发展；第五章，基于信息化视角的英语教育模式创新，包括现代英语微课教育模式及其创新、慕课视域下的英语教育模式创新、基于翻转课堂的英语教育模式创新、信息化视角下英语听力智慧教育模式。

本书内容清晰，表述清楚，从英语教学的理论依据出发，阐述了高职英语教学发展的维度，剖析了基于信息化视角的英语教育发展与其模式的创新，为高职英语教学及研究提供了理论基础与发展策略。

本书在写作过程中，参考并借鉴了部分专家学者的研究成果和观点，在此表示最诚挚的感谢！另外，由于作者水平有限，书中的内容、观点难免存在疏漏和片面之处，敬请批评指正！

作　者

2023 年 8 月

目　　录

第一章　英语教学的理论认识

第一节　现代英语教育及其特性

一、教育与教学

“教育”这一概念在汉语中包含两个部分：教和育。教育活动指传授社会知识、经验并对受教育者进行培养的社会活动。学校教育旨在有组织、有计划、有目的地传授一定的知识、经验，并以特定的社会发展需求和学生的成长发展规律，让受教育者获得相应的知识、经验，并对其性格、思想、人生观产生影响，培养符合社会特定需要的合格人才的活动。因此，教育活动的内涵一定包含两个相互联系、相辅相成的因素：引导与发展。引导说的是教育的根本的目的在于“使之向善”，同时还表明教育不能具有强制性，教育者要引导学生主动学会技能，掌握知识，而不是强制学生，只有这样才能在传授知识技能的过程中让学生自然而然地形成正确的人生观、价值观。发展旨在促进学生德智体美劳各方面的发展。总而言之，教育目的能否最终变成现实，其关键在于学生在各方面的成长发展是否与既定培养目标达成一致。

教育，作为人类特有的活动，教学是极其重要的一环。因此，教学相关的概念研究是教育研究不可或缺、至关重要的环节。教学活动的重要任务是以一定的方式方法向受教育者传播知识经验、技能技巧，整个教学过程的进行是以活泼、生动的课程内容和系统的教学内容为媒介具体实施的。

系统性与计划性是教学所具有的重要特征。教学活动作为一种特殊活动，需要提前认真规划、系统全面，并且要在具体的教学活动和课程实施过程中得到具体体现。有一点特别值得关注，规划的制订需要系统筹划、全面考虑，一般是由学校、教育行政部门、教师等在大量的教育教学实践基础上提出、讨论，最终形成相关规划。

教学过程具体实施的另一重要方面体现在教育技术上。教育活动具有明显的时代特征，不同的时代特征、受教育者不同的成长经历，尤其是相关科学技术的发展等因素都会对教学过程的实施和效果产生深刻影响。最终，教学实践与各种教育技术融合发展，不断推陈出新，形成了各具特色的教学手段，如近几年风靡一时的慕课等为教师的教育教学提供了广阔的发展平台，并在教学活动中得到有效利用，成绩斐然。

教学作为教育活动的重要环节，不但要具有目的性、系统性，还要充分利用先进的教育技术和教育手段。只有这样，才能充分发挥教师和学生的积极性、创造性、主观能动性，教师的业务素质才能不断提高，学生才能得到全面发展，最终实现学生的发展与既定的教育教学目标达成一致。

二、现代英语教育

（一）英语的认知

1．英语语言的具体特征

语言作为人类交流与传播信息的工具，在人类的发展历史上扮演着重要的角色——人们借助于语言来保存和传递人类的文明成果。不同的语言也是不同的象征，各民族都有自己的语言，也是人类区别于动物的一个重要特征。有些动物虽然也能通过吼叫来交流信息，但是这种交流只是动物的初级本能，不像人类的语言包含着丰富的思想情感。因此，语言的产生是人类发展所迈出的关键一步。英语作为人类语言的一种，在世界各国信息交流与文化传播过程中具有特殊的地位。

英语具有独特的语言和文化特点，需要翻译人员能够掌握英语语言特色，不放过任何一个细微之处，这样才能够不断提升英语翻译水准，把握长句翻译技巧。可以大致从以下几个角度来入手。

在英语句子中，主谓结构是构建句子的基石。在这个基础上，我们通过各种句子成分的添加，使得句子内容更加丰富和完整。主语的形式多样，其构成往往经过精心安排，旨在准确表达句子的核心意义。而在主语的基础上，我们利用连接成分巧妙地将分词、短句等融合在一起，使得原有的简单句子得以扩展，形成逻辑清晰、结构复杂的长句。

从这个角度来看，英语长句仿佛一棵繁茂的树，其主干由主谓结构构成，而各种句子成分则如同树枝般延伸开来，共同构成了一个完整的树状结构。这种结构不仅使得句子在视觉上呈现出层次分明的特点，更在逻辑上确保了句子的连贯性和完整性。

形合特点，顾名思义就是通过英语当中的词句形式和语法结构进行有效的串联，将其他成分和主句进行有机结合，分析语句所要表达的明确意思，将语句的逻辑结构和句子大意进行分析，最后将词汇的具体意思表现出来。英语的结构特点主要是在各种连接词的关系上，通过各种介词、关系词等成分进行组合，将分句整合成长句，英语句子就具备这样的语言特点。

2. 英语的不同特性

英语是我国为了推进与世界的交流和合作而开设的一门必修课程，其课程目标具体包括以下几方面：

（1）更加注重培养学生的交际能力。英语的教学目标是培养学生的英语综合应用能力，特别是听说能力，使得他们在今后的工作与社会交往中，能够用英语进行有效交际。高职英语重视学生交际能力的培养。因为交际是学习英语的目的之一，是衡量一个人英语水平的重要标志，更为重要的是大学毕业生的交际能力是用人单位对于大学毕业生求职的考核指标之一。因此，提高大学生的跨文化交流能力，是高职英语教学的一个必然选择。

（2）更加注重培养学生的自主学习能力。自主学习以学生作为学习主体，通过独立分析、探索、实践、质疑、创造等方法达成学习目标。自立性、自为性与自律性是自主学习的三个基本特征。在学习方式上，英语更加注重学生的自主学习。

从心理学的角度看，大学生自控能力较强，更能独立地完成学习任务。在现实中，大学生英语的学习，更多是靠自学，很少有教师强迫学生学习的。因此，大学生英语教学更加注重培养学生的自主学习能力。

（3）更加注重培养学生的文化素养。大学是我国培养优秀建设人才的重要基地，因此英语更应该注重培养学生的文化素养。英语课程是拓宽知识、了解世界文化的素质教育课程。英语无论是在教学要求还是课程设置方面，都应注重提高学生的文化素养，注重传授跨文化交际知识与能力。

3. 英语与专业英语的区别

英语与专业英语有很多的区别，具体包括以下几方面：

（1）教学的性质不同。英语的性质主要是高校必修基础课程，而专业英语是专业课程。专业英语教学的目的是让学生在某一特定领域内，能够用英语进行专业性的交流，阅读和理解相关文献、资料和国际研究成果。对于相关专业的学生，专业英语是他们的必修课程，教学重点在于专业词汇、语法和表达方式的学习和应用。总体来说，英语的教学目标是培养学生在日常生活和一般工作场景中的英语运用能力，而专业英语则是为了帮助学生在特定学科或领域中更深入地理解和运用英语。

（2）教学的目标不同。英语的教学目标在于培养学生的英语综合应用能力，特别是听、说能力，使得他们能在今后的学习、工作与社会交往中，用英语进行有效交际，同时增强其自主学习的能力，提高其综合文化素养，以适应我国社会发展与国际交流的需要。专业英语的教学目标，是培养具有扎实的英语语言基础与广博的文化知识，并且能熟练地运用英语在外事、教育、经贸、文化、科技、军事等部门从事翻译、教学、管理、研究等工作的复合型英语人才。据此可以看出，英语培养的对象，是能以英语为工具、具备跨文化知识与交际能力的各行各业的建设人才，而专业英语培养的对象，是以英语为工作、谋生等手段的专业人才。

（3）课程的设置不同。英语课程主要是基础知识课程，辅助部分提高课程，学制通常为两年，共 200～280 学时，课程设置为基础化与粗略化。而专业英语课程分为专业技能、专业知识与相关专业知识三类，学制为四年，共 2000～2200 学时，课程设置为专业化与系统化。

（4）对教师的要求不同。英语对于教师的要求更加总体化与粗略化——英语教师需要掌握听、说、读、写、译等能力和各方面基础性的教学理论与方法，而专业英语的专业化和系统化，则要求教师的知识更加专业化与深入化。

（二）英语教学的分析

通过对教学和英语概念的分析，从本质上说，英语教学是一种教学活动，教学活动便是英语教学的本质属性，其对象是非外语专业学生，其实施者是英语教师；从内容上说，英语教学的核心是基础语言知识与技能、学习策略与跨文化交流；从方式上说，英语教学与其他教学一样实行课堂与课外教学，是以教师作为主导、学生作为主体的活动，是师生之间的互动活动；从目的上说，英语教学在于让学生掌握语言基础知识和技能，形成正确的情感、态度、价值观，培养其基于理解力、沟通力与批判力的跨文化交流能力，从而提升其人文素养。

基于上述对于英语教学的分析，本书将英语教学定义为：针对非外语专业学生进行的，以对话、交流、理解、合作为基础，以外语教学理论为指导，以英语语言为载体，以英语语言知识与应用技能、学习策略与跨文化交流为主要内容的师生之间的语言知识、技能和文化的传承活动，这种特殊的交往活动以课堂教学作为主渠道，以网络与非网络第二课堂教学为延伸，体现出师生之间与不同文化之间的精神相遇和文化对接。通过这种交往活动，学生最终掌握语言知识技能，形成正确的态度、观念，培养基于理解力、沟通力与批判力的跨文化交流能力，提升人文素养。

三、现代英语教育的特性

现代英语教育注重学生的全面发展，注重培养学生的语言应用能力和非智力因素，结合现代化的教育技术，以多样化的教学方法和丰富的学习资源来满足学生的需求，促进学生的自我发展和自我学习，具体来说英语教育的特性包括工具性、主体性、发展性与跨文化交际性等。

（一）工具性

工具原指工作时所需用到的器具，后来引申为“为达到、完成或促进某一事物的手段”。语言是人类交流信息、承载文化与传播知识的重要工具。在我国，英语作为传授知识、了解文化与培养交际能力的工具，其教学工具性体现在以下三方面：

（1）英语的语言知识的传授。传授知识是教学的主要目的之一，英语教学同样也不例外。这种知识的获得赋予我们与人交流的能力，也就是与人沟通的工具。

（2）西方文化的了解。在英语教材中，有很多反映西方人生活方式、价值观念、文化内涵等的内容。英语教学能够使学生了解西方文化，从中吸取有用的东西，以促进本土文化的发展。因此，英语教学也是学生了解西方文化、提升自身文化素养的一个重要途径。

（3）增强左右脑开发。神经生理学、语言心理学与心理语言学的研究已经揭示出，人们如果只学习母语，则主要开发大脑的左半球。如果再学习外语，则大脑的右半球就会得到启动和开发。因此，英语的学习，能够开发学生的大脑，发展学生的能力。

（二）主体性

一般而言，主体性是指“一个主体”或“与主体有关的”这样一种性质。主体性的基本特征是自觉能动性。主体性在英文中与“Subjectivity”相对应，是与客观性（Objectivity）相对的一个概念。在西方近现代哲学体系中，主体性用于强调人所特有的独立性、主动性与创造性等。独立性主要表现为拥有自己独立的见解、独特的行为模式等，是人作为主体的前提条件；主动性主要表现为行动的自觉性、能动性与积极性；创造性主要表现为不因袭前人，不照搬别人的方式与方法，想别人没有想的，做前人没有做的。

教育作为一种有目的、有计划、有组织地培养人的社会实践活动，本质上是教育者自身主体性发挥的过程，也是对于个体主体性的培养过程。主体性与动物自然性的根本区别在于理性。理性的获得，不能单纯地从知识增加、技能获得等方面着手，因为知识增加与技能获得只是达成理性的途径。达成理性的过程也是个体自我同化与内化的过程，这种自我对外部世界的“同化”在学习过程中，就是学习者对外界信息的主动认识与建构。

主体是一个关系范畴，人作为实在的、现实的、具体的存在物，本来就是处于关系之中的。人的存在、人的特性与本质力量无不表现为关系，并且通过关系来实现。但是在教学中，我们虽然经常强调学生要发挥自身的主体性，却忽略了教师与学生所构成的两个对象性关系的个体都是具有主体性的人。

在以师生互动为特征的教育活动中，教师主体性与学生主体性是同时存在的，相互依附，并且共处于一个统一体中。教育活动是教师与学生两者主体性互动的统一体，就其本质而言，是教师主体性与学生主体性的互动。教育活动的成效如何取决于师生的互动配合。

由于教师在教学中的特殊地位，这个互动的主体性的最优化程度，取决于教师主体性的发挥程度，而学生主体性发挥的水平，则取决于教师主体引导学生主体发挥的程度。

英语教学强调学生主体性的发挥，英语教学活动是教师主体引导学生主体，依据学生的认知规律与英语学习的特点所进行的学习与实践，以促进学生人文素养与跨文化理解和批判力提升的一种实践活动。

（三）发展性

发展是哲学术语，指事物由小到大、由简到繁、由低级到高级、由旧物质到新物质的运动变化过程。例如，人的发展就是从小到大、从幼稚到成熟、从低能到高能的一个过程。

在教育中，发展性主要是指人的发展性。个体的发展在内容上包括身体与心理两大方面，前者指有机体的自然形态和组织器官及其机体的发展、完善，后者指人的心理过程与个体心理的发展，包括认知、情感、意志和各种高级社会性的发展。

人与动物的发展有着很大的区别：人的发展往往是一种有意识的、主动的学习成果，而动物的发展只是一种在长期生存竞争中所形成的本能，是被动发展。人的发展潜能是无穷的，因为人在发展中总是能够借鉴前人的各种经验，并且在前人经验的基础上不断进步。在促进人类发展的各种手段中，教育是主要的途径之一。

在英语教学中，发展性主要是指学生的语言交际能力的发展。因此，教师在进行英语教学时，应当注意以下问题：第一，发展具有全面性，教师要面向全体学生，使得学生全面协调发展；第二，发展具有个体性，教师应当因材施教，促进学生的个性发展；第三，发展具有创造性，教学要以培养学生的创新精神与实践能力为重点。

（四）跨文化交际性

“Communicate”（交际）来源于拉丁语“Commonis”一词，“Commonis”是“Common”（共同的）的意思。“交际”的概念与“共同”（Commonness）密切相关，即“共同”或“共享”是交际的前提。只有同一文化的人在很多方面具有共享性，才能进行有效的交际。“交际”是一种在共同文化背景下的交际。而具有不同文化背景的人从事交际的过程就是跨文化交际。跨文化交际需要具有不同文化背景的人，了解和具备交际对象的文化背景知识，才能够有效地进行交际。“英语教师在进行英语教学时应该充分重视学生在跨文化背景下的文化认同意识，使得学生养成正确的文化意识理念，从而帮助学生更好地学习语言。”

跨文化交际具有社会性、目的性、双向性/多向性、情境性等特征。所谓的社会性，是指跨文化交际必须发生在一定的社会交际活动中，任何交际活动都是在一定的社会背景下发生的，社会的不同文化为我们提供了跨文化交际的可能。目的性是指跨文化交际是有目的的，不是盲目的交际活动。双向性/多向性是指具有不同文化背景的人的交流互动。交际是需要对象的，只有对象的存在，交际才有可能进行。情境性是指交际是在某种情境下进行的。

学习英语的目的之一，就是使用英语来进行跨文化交际。因为交际的前提之一是了解和具备交际对象的文化背景知识，所以在英语教学中，要注重向学生介绍西方文化背景知识，指导他们了解西方文化，提升其文化素养，培养其跨文化理解力、沟通力与批判力，从而使其具备跨文化交际的能力。因此，英语教学具有跨文化交际性。

第二节　英语教育的原则与影响因素

一、英语教育的原则

英语教育的原则对英语教学工作有重要的指导作用，同时又对教学中各项活动起着制约作用，能在很大程度上保障英语教学质量和教学效率的提高，具体包括以下原则：

（一）提高兴趣和交际性原则

英语学习的催化剂是兴趣。兴趣是一种积极的情绪，持久的兴趣能让学生对英语学习保持动力，能帮助学生学好英语。教师要有意识地保持、提高学生的学习兴趣，主动使教学过程的进行和环境的创设具有趣味性，备课过程中尽量选择有趣的授课形式与授课内容，选用具有趣味性的教具，利用学生的好奇心，充分发现、培养学生的兴趣，让学生在具体的学习活动中产生和发展兴趣，体验兴趣基础上的英语学习的快乐。教师要主动地、有意识地引导学生将兴趣与学习目标结合起来，从而激发学生英语学习的强烈欲望，根据兴趣具有传染性的原则，教师应成立各种英语学习的兴趣小组，并引导学生积极参与，促进英语教学和学习共同进步。

英语交际性原则强调，在具体的教学中，教师应该是为了交际而教，学生也应该为了交际来学，学习英语最重要的目的是参与社会交际。

交际性教学原则主要体现在以学生为中心、教学过程交际化、教学材料语境化的教学方式和自由、活泼、轻松的课堂氛围。教师应该有意识地尽可能把生活中真实的交流场景引导到讲台上，大力培养学生用英语交流的能力，积极开展英语方面的各式各样的课外活动，充实学生的文化知识，为学生今后的学习打下坚实的基础。

（二）增加学习量的原则

循序渐进的教学原则为每一位教师所熟悉，其优点是从基础抓起，学生在学习过程中比较容易获得自信心和成就感，增加学生学习英语的兴趣，也容易帮助学生达到学以致用的目的，激励学生愿意再度投入学习，获得更大的成就感。

从量变到质变是我们所熟悉的变化规律。当量变累积达到一定程度时就会产生必然的质变，所以量变是质变的必要准备，也是必要的前提条件。英语学习也是这样，如果没有足够的语言输入量，就不会形成良好的输出。因此，教师就要增加对学生的口语及相关的技能的练习输入，强调以获取大量的信息为主，课堂上讲究方法，循序渐进，有计划、有步骤地扎实训练。

（三）提倡重复与模仿的原则

重复乃记忆之母，是学习提高的最有效途径，可以使人的记忆深刻而又准确。语言学习更是离不开重复。教师在传授知识的过程中要把重复放在重要的位置，提供有一定难度、数量上适中的语言材料，每天都要给学生布置适量的听说读写英语训练，按照合理顺序，反复循环。例如，学生在背诵了一段经典范文后，还可以多次重复听，模仿正确的语音语调，然后滚瓜烂熟，熟记于心，最后安排角色扮演。

语言学习始于模仿，模仿作为习得语言的有效途径之一，对学习者英语运用能力的提高举足轻重，是英语学习者走向成功的媒介和桥梁。在教学授课中，教师要尽量给学生选择、提供适量标准的语言材料，让学生在有效、反复模仿的过程中，学会融会以前学的知识和新知识，进而学会在新的语言情境中活学活用。课堂教学中，创造性模仿、意义性模仿和机械性模仿这三种形式应该合理运用，三者由低到高，逐次推进。

（四）重视以学生为中心与突出多样性原则

以学生为中心原则认为英语教学对于学生的认知特点给予充分的重

视，既要充分体现学生的主体地位，也要把学生的需要、心理特点、兴趣等各方面的因素考虑在内。教学活动要以帮助学生提升英语学习能力为重点，教材分析、教学评价、教学活动、教师备课设计等要素要围绕学习者的实际需要展开和实施。学习英语作为一个持续不断的过程，应该制订循序渐进的教育教学计划，整个教学过程最好包含多个强化突击环节。

多样性教学原则，作为教学的一个重要特点，在教学中应该多加利用，有利于激发起学生对英语学习的兴趣，以达到提高学生能力与学习效率的目的。所以，教师要立足实际，多角度发挥多样性教学的优势。多样性具体包括：第一，方法多样性，如参与式、开放式、启发式、交流式、借助式、开发式、迁移式等；第二，形式多样性，如全班式、分组式、示范讲解法、变换角色法等；第三，内容多样性，如不同的教学阶段教学内容也会有所不同，要充分体现阶段特色；第四，手段多样性，如采用简笔画、幻灯、图片、录像、投影仪、实物、录音，此外肢体语言也可尽量发挥利用；第五，环节多样性，如讲解新课、组织教学、复习检查；第六，评价方式多样性，如克服困难奖、英语学习进步奖、超越奖、听说读写单项奖、完成作业优秀奖等，还有诸如集体投票、自评、互评等。

（五）注重合作学习与系统实践原则

合作学习教学原则指教师为帮助学生完成英语教学任务而组织学生进行互助性学习的教学指导方针。在实行合作学习的时候，要充分考虑学生的内在因素、性格差异，激发其学习动机，发挥其主观能动性，根据学生不同情况，区别对待，对待学习能力低的学生要因人而异，因材施教。其方式主要包括小组合作、表演对话、同桌合作、合作完成作业、讨论问题、合作纠正错误。此外，整个过程要兼顾实践性原则，做到系统性和实践性既独立又统一。

语言实践作为语言习得的根本方法，教学活动如果离开了语言实践，就会失去真正意义，语言教学就很难取得较好的效果。在教学中最大限度遵循此项原则，改变过去传统的过分重视语法的倾向。语言学习要以实践为基础，如观察法、发现法、对比、归纳和总结，只有这样，才能让学生真正掌握所学知识，学生的语言能力才会得到实质性提升。

二、影响英语教学的因素

影响英语教学的因素包括教师、学生、教学内容、教学方法、教学环境。教师是教学活动的主导者，而学生则处于主体地位。教学资源和教学效果主要取决于三个要素：教学内容、教学方法与教学环境。因此，下面对上述五个因素展开具体分析。

（一）教师

1．对教师的关注点

教书育人是教师的天职，教师的这些使命都体现在教师这一职业所具有的特征和所肩负的职业责任上。随着教育教学改革的不断深入，教师这一社会角色也被赋予了更加深厚的内涵。所以，教师不光要教授学生知识，还要关注学生素养的形成，着眼于培养当下社会需求的高素质人才来展开教学，这对新时代的大学教师素养提出了更高要求，更加关注以下特点：

第一，教师是知识的传授者。传授知识是教师的基本职责，是教师最基本的角色定位，在教育教学实践中，教师不仅要依据教材对学生传授丰富的知识和技能，帮助其形成探索生活和向未知领域探索的能力，还要对学生进行道德教育，帮助学生树立健康向上的正确人生观、价值观和世界观。

第二，教师是课堂的组织者和领导者。教师作为课堂教学的组织者和领导者，在行为方式上体现为示范和表率作用。因为无论学生年龄大小，教师的行为永远具有表率作用，他们在课堂上的一言一行都会对学生起到潜移默化的影响，甚至可能会影响学生的一生。教师自身首先要呈现出满满的正能量，发挥出教师应有的主动性和表率性，通过对学生所学知识的了解掌握情况，针对原来的教案设计、实际的教学进度和教学时间来调控整个教学实施，对教学过程做到心中有数。

第三，教师是教学活动的组织者、引导者与参与者。课堂上，教学活动的展开与组织都是以教师为主导的，这是教师能够发挥主观能动性的地方，也是教师作为教学的主导所起的主动作用的体现。在这一过程中，教师将课堂学习需要完成的各种教学任务进行有机规划，提前就教学进度、教学方式和教学流程以及其中的注意事项等细节性的问题，与学生进行有效沟通，让学生了解并熟悉整个教学展开过程中自己的职责和学生需要完成的活动任务，以便于学生在学习推进过程中酌情调整，有目的、有针对性地改进实施过程中的不足，帮助学生顺利达成各项学习活动目标。

教师是活动的指导者和促进者。对于学生在学习中遇到的各种学习问题、情绪问题等都要给予及时的指导和疏解，让学生在良好的学习体验中养成良好的学习态度以及健康向上的积极心理。

教师要积极热情地投入和参与活动，通过自己的积极行动带动学生，增进与学生的情感联系，“高职英语教学应该更多地关注对情感因素的研究，帮助学生消除不利心理因素的影响，促进积极情感对学习的促进，提高学习效率”，激发学生的热情，这样才能更加深入地了解学生在学习过程中遭遇的真实问题，了解他们对这些问题的真实想法，因势利导、因材施教，激发学生的学习热情，使他们愿意学习、乐意学习，甘愿为学习付出更多，学习的过程也会更加专注。

第四，教师应是资源的提供者。在讲授新的内容时，教师可以在课堂上先讲解关于这些知识产生的背景以及相关的生活经验，把学生带入一个有利的学习情境，以便更好地帮助学生更加形象生动地理解所学的新知识，掌握所学习的内容。同时，教师尽量要对不同的教学内容做好相关教学资源的准备，如范例、生动的教具以及答案等。

第五，教师应当是教学的研究者。作为教学研究者的教师，其工作主要体现为两个主要方面，那就是对教学方法和教学方式的研究。教师怎样做才能把课本的知识通过学生更容易理解、更容易接受的方式有效地传授给学生，这应当是每一位教师持续进行的孜孜以求的目标。教师通过研究性学习掌握了英语这门学科的前沿知识后，就可以引导学生以理论和实践有机结合的学习方式，对本学科开展创新性的研究性学习，引导学生利用自己的所学对本学科一些未知的领域或其他感兴趣的学科的未知领域展开探索，以便更好地利用自己的所学为他人服务，自己则从中获得更好的成长。

第六，教师应当是学生的激励者。教师可以通过发挥学生的主体作用，将课堂的控制权交给学生，学习方式由学生研讨决定，学习评价由学生研究制订，把学生完全变成自己学习的主人，这样才能更好地激发学生主观能动性，把被动学习变为有意识的积极主动的自觉学习，调动学生的自身潜质，达到最佳的学习成果。显然，这样做对教师的要求很高。教师应当具有丰富的知识储备，拥有丰富的教育教学实践经验，教师还要对教学怀有深厚的责任感和饱满的热情，以自己的态度点燃学生的态度，以自己的行动激发学生的兴趣，形成自己独特的激励能力。

现今，时代的发展对教师提出了更高的要求，教师不再仅仅充当知识的搬运者和传递者，在现实的教育实践中，教师被赋予了各种各样的角色，担负了为国家培育时代新人的重任。教师作为新时代教育的实践者，社会所寄予的期望越来越高，这既是教师的光荣，也是教师的重担。要想做一名新时代的合格抑或是优秀的英语教师，就要学会在各种角色间游刃有余地进行转换，充分发挥、施展自身所拥有的才华，为学生学习成长做出更大的贡献。

2. 教师需具备的基本素养

教师的根本任务就是教书育人。教师需要具备的基本素养是教师在平时日常教学活动中自然形成的具有职业倾向的优秀品质。

（1）教师素养。教育活动是我们探讨教师素养的必要条件。教师素养的基本条件、基本内涵和评价的具体条件，离不开教师这个职业的具体教学活动，不然教师素养的讨论会成为无本之木。依照教育规律进行教学是评判教师素养的根本依据。语言教学中坚持以学生为中心，充分发挥学生的积极性、主观能动性。教学活动必须遵循的客观条件是遵循教育规律，所以进行教育活动遵循教的教育规律，则自然而然地成为评判教师素养的根本依据。

提高教师素养的基本要求是教师要有高度职业自觉性。因为教师在教育职业活动中需要根据自身具体情况不断提高自己的职业化水平，本质上属于不断社会化的过程。在整个自觉提高职业化水平的过程中，其关键目标和内容，是自身教育职业素养的尽快形成和循序渐进地提高，进而通过不断的努力取得既定的教育教学效果。所以，关键看教师是否具有高度的自觉性。评判教师素养的最高目标应该是良好的职业素养。

（2）教师素养的结构包括职业政治素养、职业道德素养、职业业务素养、职业心理素养、职业信息素养。

第一，职业政治素养。其指应具有科学的人生观、世界观、教育观。

第二，职业道德素养。该项内容涵盖严谨治学、爱岗敬业、热爱学生、依法执教、团结协作、为人师表、尊重家长、廉洁从教。

第三，职业业务素养。包括知识结构、能力结构和技术结构。日新月异的网络和多媒体技术提供了有力的技术支持和广阔的发展空间。

第四，职业心理素养。作为教师，应该具有积极向上的蓬勃朝气，积极的性格特征，坚强的意志和不达目的不罢休的顽强精神；具有持久的教育教学热情和丰富情感；尤其在教学过程中一举一动要具有一定的感染性和榜样示范性，充当学生的表率和榜样。

第五，职业信息素养。职业信息素养指教师要形成信息技术时代利用先进技术解决教学中各种疑难问题的超前意识。教师在英语教学过程中，要注意充分利用学生已经掌握的信息，对已有的知识信息进行有效重组，最大限度减少学习的机械性，掌握先进的当代信息技术，在对相关信息科学理性分析的基础上，恰当利用并创新，应用到具体的教育教学活动中。

3．专业素养的阐释

专业素养主要包括以下三方面：

第一，扎实、全面、系统的英语语言基本功。作为一位合格的英语教师，具备扎实、系统的语言基本功是做好本职工作的基本前提。作为英语教师的基础知识主要包括词汇量、语法以及语音等诸多方面，同时英语的五项基本技能，如写作水平、口语表达、阅读能力、听力、翻译能力也必须具备。另外，通过阅读英语原著可以更好地帮助教师了解熟悉英语国家的地域风情，储备丰富的英语语言背景知识。只有具备上述基本条件，才能真正理解英文的意思及隐含意义，从而全面、准确、深入地把握教材，使教学过程顺利进行。

第二，全方位的教学能力。师者，传道、授业、解惑也。一位称职的英语教师应具备的教学能力包括传授英语基础知识的能力、高效地组织教学能力和多位一体的教学能力。通过讲解，启发和引导学生掌握基本知识的同时，还要注重英语技能的训练提高；对于学生存在的疑惑，要及时解答；其他的非语言能力，例如，美术、音乐等，可以在语言教学中适当地综合运用，既能增加课堂趣味性，激发学生的学习兴趣，又能提升促进课堂效果。

第三，较强的科研能力。作为一名高职教师应具备较强的科研意识，在圆满完成教学工作的前提下，充分利用先进技术手段，尽量多做一些与教学相关的科研项目，形成在教学基础上进行科研。又可以充分利用有价值的科研成果指导教学，从而促进教学水平的不断提高。

4．良好师德与人格素养的必要性

任何行业都会有自己行业的道德规范，教师作为人类灵魂的工程师，其道德素质显得尤为重要。教师的道德水平和素质决定着学生的道德成长方向和发展进程，健全的人格，高尚的道德情操，热爱本职工作，忠于党的教育事业，正确的人生观、价值观，应该是一名称职教师必须具备的职业素质。

人格素养是教师道德规范内容的灵魂所在。教师作为人类灵魂的工程师，在人格方面的素养对学生的人格形成乃至其一生的发展都会产生广泛而又深远的影响。教师应该具备的人格素养包含两个组成部分，首先是对自我的正确认知，其次是广泛深厚的知识积淀和较高的教育教学水平。师生之间应该互相尊重，最终形成一种和谐、有序的师生关系。

（二）学生

1．学生的角色扮演

学生在英语的教学中，主要需要扮演以下四方面的角色：第一，主人翁。在学习的过程中，发现、探究都是对教学的实践，通过实践，学生能够重建起属于自己的独特的知识体系。第二，参与者。在英语教学活动中，学生是这项活动的重要参与者。学生在英语教学活动中占据主体地位，因此应当积极认真地参与到教学活动中来，主动表达自己的想法，积极配合，在活动中不断提高自己的学习能力。第三，合作者。在英语教学中，师生可以看作合作关系，相互配合，教师指导学生，学生推动教学活动的开展，促进整个团队的进步。第四，反馈者。任何教学过程中，学生都是重要的一环，学生的反馈对教学有重要的意义，是进行教学反馈的重要根据。如果学生对哪一个教学环节不适应，可以课下同教师进行交流，提出宝贵的改进建议，将进一步推动教师教学质量的提高。

2．学生的差异体现

（1）学习语言的潜能。学习语言的潜能是人脑拥有的一项有利于学习语言的智能。英语作为一门语言，学习英语需要这项智能，因此提高学生的英语语言能力，培养学生的综合语言运用能力，从本质上而言，就是开发学生学习英语的智能，可以通过学生的认知素质，运用语言潜能预测学生学习英语的潜在能力。具体来讲，学生需要具备的语言学习能力主要有以下三方面：①输入代码并处理的能力，即语音编码解码的能力；②组织、操作相关语言材料，即归纳语言的能力；③具有高度的敏感度，需要学生具备联想记忆的能力。

每个人在各方面的学习潜能都各不相同，学习语言的潜能也存在差异，因此，这就要求教师因材施教，发挥其作为一个教师的聪明才智，针对不同的学生、不同的语言潜能，准确把握学生的具体情况，从而给予符合学生自身独特潜能的解决方案，制订不同的学习方案，分配不同的学习任务，从而使学生在其最适合自身的学习道路上走得快、走得远。

（2）学生不同的认知风格。认知风格是每个人在认知某件事情时所体现出来的具有一定个体相对稳定性的某种特定的行为模式。每个学生都有其自己独特的认知风格，不同的认知风格之间存在较大的不同，但认知风格没有优劣，每一种不同的认知风格都有其独特的认知优势与价值。每个学生其不同的认知风格对教师教学工作的开展提出了较高的要求，一方面教师要尽可能因材施教，针对学生不同的认知风格，尊重学生的认知风格，并尽可能提供符合学生认知风格的教学方法和教学内容，以提高教学效率；另一方面，学生应互相学习同学间不同认知风格的长处，不断改进完善自己的认知风格，提高自己的学习能力。

（3）情感类因素。情感因素主要有学习动机、性格以及学习态度三个方面。首先是学生的动机。学习动机是驱动人学习的重要心理因素，学生学习动机的强与弱直接影响学生学习的效果，英语学习作为一种较为单一的语言学习，则更需要学生内心强有力的学习动机来推动，教师教学活动的展开也依赖于学生积极的学习动机。教师应千方百计活跃课堂氛围，设计课堂活动，调动学生的积极性，增强学生的学习动机。其次是学生的性格。性格主要有内向型与外向型两种，不同的性格适合于不同的学习模式，而能否发挥好不同性格的优势，与英语学习的效果有着密切的联系。内向型性格的学生最大的优点是冷静、细致，在发展语言能力方面具有明显的优势。而外向型学生活泼好动，喜欢交流，在活动中与他人的积极交流中能够有更多的学习机会。从教师教学的角度，清楚学生在性格上的差异性，选择适合的发展道路，发挥不同性格的最大优势，以此可以获得更好的教学效果。最后是学生的学习态度，这也是影响学习和教学效果的重要因素。态度是个体对他人或事物稳定的心理倾向或为达到某种目的而做出的努力。学生如果拥有积极上进的学习态度，在教学活动中积极配合教师，跟上教师的教学思路，将会极大地促进学习效果的提高；反之，则非常不利于学生自身的学习以及教师教学活动的开展。

3．学生优秀品质的学习

（1）作为学生，应该认真听教师讲课，坚持做笔记，对教师讲过的单词、短语、句子和课文等进行定期复习巩固。

（2）除了基本的认真踏实的学习态度，还应该具有一定的冒险精神。在运用所学知识的实践中，应该敢于冒险，大胆运用，不怕犯错。

（3）在学习的过程中，不断思考，勤于思考，善于思考，是重要的思维品质。尝试用英语的思维方式来思考问题，把所见所闻与学过的英语知识联系起来。

（4）要善于寻找最适合自己的学习方法，每个人的学习方法都不同，最适合自己的才是最好最有效率的学习方法，像有的学生喜欢睡前背单词，有的学生则喜欢早起背单词。

（5）学生要有长远的学习目标，设立一个长远目标，始终在前方激励着学生不断前进，与短期目标结合起来，更好地促进学生的成长与进步。

（6）学习英语需要大量的时间投入，并且需要坚持不懈、持之以恒，要充分利用自己的课后时间，巩固课上学习过的知识，并预习接下来即将讲授的内容。

（三）教学内容

教学内容指在教学活动中为实现教学目标，知识、技能、行为习惯等多种因素的总和。教学内容很特殊，有别于语言知识本身；既要考虑知识体系，又要考虑年龄特点等。

1．教学内容的特征

英语教学内容的特征主要有以下几方面：

（1）英语教学应该以可靠的信息来源、科学严谨的态度进行授课。

（2）英语教学应坚持教学的根本原则，即以人为本，以学生为本，从学生切实的需求出发，关注学生的共性与个性，因材施教，通过科学合理的教学方法促进学生的学习。

（3）英语教学应该致力于知行合一，将所学知识运用到实践中，启发学生的独立思考与自主学习，培养学生解决问题的实践能力以及不断探索的科学精神。

2．教学内容的范围

从英语语言学发展规律和教学设计上看，教学内容分为语言知识、语言技能、学习策略、文化意识、情感态度五方面。

（1）语言知识。英语语言知识由语法、词汇和话题等组成。在具备一定词汇量的基础上，以合适的方式将其融入话题。基础知识是实践运用的前提，只有具备了必要的语言基础知识，才能在实践中灵活运用。

（2）语言技能。听、说、读、写、译五项技能是学生形成综合语言运用能力的基础语言技能。因此，英语教学内容应包括听、说、读、写、译五方面的语言技能及其综合运用能力。学生英语综合运用能力的提升是在大量综合性语言实践活动基础上，从而服务于真实的语言交际。值得注意的是，在不同的教学阶段，对学生的语言技能要有不同要求，才能有针对性地提升学生的语言能力。

（3）学习策略。具体而言，像认知策略和资源策略等都是学习英语的策略。适合学生的策略会使学生的英语学习如鱼得水，有利于提高学生学习英语的兴趣。教师需要结合学生的学习特点，有针对性地给予指导和建议，帮助他们形成适合自己的学习方法。同时，学生之间经验供相应参考，从而形成良好的学习氛围，促进同学之间的共同进步。

（4）文化意识。文化意识存在于语言的母语者中间，因此学习一门语言，实际上是融入语言的文化环境中，学习英语语言则需要了解英语国家。教师在教学的同时要注重相关背景的讲解，有利于在学生头脑中营造一种语言氛围，从而促进英语语言的学习。

（5）情感态度。在英语学习中，学生通常会受到各种各样的情感因素的影响，情感态度主要影响学生的学习过程和学习效果两方面。积极的情感态度有利于激发学生学习英语的兴趣与信心，提高学生的课堂参与度；反之，消极的情感态度则非常不利于英语学习的开展。因此，在教学过程中教师应关注学生的情感态度问题，激发学生学习英语的兴趣，并引导学生将兴趣转化为稳定的学习动机。

（四）教学方法

教学方法就是教师在教学中所采取的有利于改进教学的有效措施，具体的定义是教师和学生为了实现共同的教学目标，完成共同的教学任务，在教学过程中运用的方式或手段的总称。

英语教学作为一种语言教学，本身存在单一的特点。因此，需要采用丰富多彩的教学方法来调动学生的积极性，不能采用固定的、一成不变的教学方法，尽可能追求灵活、多样，才能全面提高学生的英语学习能力。

（五）教学环境

1. 教学环境的要素

教学环境是一个由多种不同要素构成的复杂系统，分为广义与狭义两种。广义的教学环境指影响学校教学活动的全部条件，物理环境和心理环境均可视作教学环境。狭义的教学环境是指班级内影响教学的全部条件，包括班级规模、座位模式、班级气氛、师生关系等。因此，我们可以把影响教学环境的要素总结为以下三方面：

（1）社会环境。这是影响和制约英语教学的重要因素。社会环境主要涉及国家的教育方针、社会制度、科学技术水平、经济发展状况，以及社会对英语的需求程度等。语言，本质上是人类交流的一个具体使用工具，具有较强的实用主义色彩。所以，社会环境是英语教学发展的最主要推动力，对英语教学有着较强的导向作用。

（2）学校环境。这是能够为学生提供学习场所和学习手段的最佳环境。对英语教学影响最重要和最直接的因素就是学校环境，学校环境的好坏可以决定多数学生英语学习的成败。决定学校环境好坏的主要因素有课堂教学、英语课外活动、英语教师及其他教职工对英语的态度及其英语水平、接触英语时间的频率、班级的大小、教学设施、教学资料、校风班风和师生人际关系等多方面。

（3）个人环境对学生的英语学习具有很重要的影响。个人环境一般涉及学生的家庭成员、拥有的学习设备和用具、文化水平、对英语学习的态度、学习方式、成员之间的关系及感情等多方面。

2. 教学环境的影响

教学环境对英语教学的影响可以分为以下四方面：

（1）良好的教学环境能够为教师在教学中营造良好的课堂环境。在良好的教学环境中，教师可以充分利用现代化教学设备，优化教学环境，十分有利于提高学生对英语语言的运用能力。

（2）良好的教学环境可以帮助教师正确认识环境对学生英语学习的影响，有利于促进教师结合英语教学现状，理性地分析、判断和选择英语教学的理论和方法。

（3）良好的教学环境可以帮助教师有效地加工语言输入材料，科学地设计语言练习，从而为学生创设更加良好的课堂英语使用环境，进而提高学生的学习效果。

（4）良好的教学环境有利于教师不断学习和实践优化课堂教学环境的策略。

第二章　高职英语教学的理论依据

第一节　建构主义理论与高职英语教学

一、建构主义教育理论的基本观点

（一）建构主义知识观

对后现代认知范型和建构主义的不同维度进行梳理，有助于人们对建构主义的知识观做出概括。作为后现代认知范型的有机组成部分，建构主义理论主张反客观主义、反绝对主义，它对知识做出了全新的建构性的解释。建构主义知识观的核心思想是呼吁人们关注人的经验世界，关注意义和价值，归根到底，是对人的主体性的关注。

客观主义者认为，世界是客观存在的，关于世界的知识也是独立于人的意识存在着，人类获取知识的唯一有效途径就是通过实证方法，利用逻辑数学公式和严谨的物理实验确保人类认知的客观性。总之，一切都是能确定的，都正在进入或即将进入人类的掌控之中，人类只要有足够的信心和耐心，就能破译世界的密码。实在论的逻辑推理是，物质世界是真实的，关于物质世界的知识也必定是真实的。建构主义反对客观主义的认识论，认为从物质世界的真实性并不能推导出知识真实性的必然结论，激进建构主义甚至对物质世界本身的真实性持怀疑态度。他们对客观物质世界要么置之不理，要么存而不论，对知识的定义也不以知识与物质世界的呼应程度为准绳，转而采用以人对环境的主观适应为标准。可以看出，建构主义知识观是一种主观主义的知识观。

建构主义者在哲学本体论上存在着分歧。温和建构主义同意客观主义的本体论，承认世界的客观实在性，但其坚持人对世界的观察方式只能是主观的；而激进建构主义认为，知识主观地存在于人的精神世界中，人对外部世界的观察是建立在各种主观心理因素的基础上，这些主观因素积极活动并发生相互作用，至于物质世界是否是客观存在的，根本就是个多余的问题，应该用胡塞尔（Edmund Husserl）的“存在括号法”把它封存起来搁置一旁。他们的理由是，科学或许能揭示规律性的东西，但人类并不是需要规律就足够了。人类社会的理想境界并不与科学知识的增长成正比，人类更需要的是意义和价值，人类生存的原动力、人类存在的理由更多地体现在思想的自由，而不是体现在对物质的占有上。建构主义者对知识的理解是只要主观经验能让人觉得满足，能使心理环境与周围的物质环境和谐共存，就是最本原意义上的知识。建构主义者在认识论和方法论上达成了共识。知识并非客观的、绝对的，而是主观的、相对的。

（二）建构主义学习观

建构主义认为，学习不是由教师将知识简单地传递给学生，而是由学生自己主动建构知识的过程。学生借助他人的帮助，如与他人之间的协作、交流、利用必要的信息等，在一定的情境下，主动建构知识的意义，进而获得知识。在学习知识的过程中，学生不是被动信息接收者，而是主动建构知识意义的建构者。学生根据自己的经验背景，对外部信息主动地进行选择、加工和处理，对新信息重新认识编码，进行意义的建构。在建构主义看来，学习过程不是对信息的简单输入、存储和提取的过程，学习是新旧知识经验之间的双向互动过程，也就是学习者与学习环境之间互动的过程。

建构主义学习观强调学习是学习者在丰富情境中主动建构意义、创造知识的过程。建构主义认为学习是一个主动的过程，学习是个体主动建构意义的过程，因此其反对灌输式教学和行为主义的“刺激—反应”。个体认识世界的过程就是个体与外在世界互动的过程，个体既实施行动于外在世界，亦从外在世界获得反馈。因此，学习既包括学习者主动建构的成分，也包括从外界吸收的成分。

（三）建构主义教学观

建构主义教学观以学习理论为基石，主张教师实现角色转变，成为学生建构知识的引导者，教师在教学过程中应创设实际情境，同时加强学生间、师生间的互动学习。

建构主义认为，知识的意义在于学习者的主动建构性，知识无法通过直接的传递而实现。教学不是简单的信息传递，而是为知识意义的建构创设条件。在教学中，教师不仅要关注如何呈现、讲解以及演示信息，更重要的是，教师要创设一定的环境，促进学生自己主动地建构知识的意义，时刻关注、探知学生对知识意义的真实建构过程，并提供适当的提示、鼓励、辅导、帮助与支持，进而促进学生的建构活动。建构主义教学观认为，教师应该成为学生主动建构知识的辅助者和指导者。传统的教学观主张教师负责把知识传递给学生，学生被动接受教师所传授的知识。建构主义认为，学生的学习并不是知识从外到内简单地传递，而是学生通过对新知识的感知，与本身的认知结构相互作用，主动建构新知识的过程。让学习者积极建立自己的知识结构，以这种方式建立的新知识结构不仅不易退化，而且还能给学生以主动学习的机会，培养他们的创造思维能力。在这一过程中要注意将实践与学习两者紧密结合。传统的学习比较推崇书本理论知识的学习，从而导致学生所学知识与实践的脱离，造成学生重理论、轻实践应用。建构主义教学观认为，有效的学习需与一定的情境结合。只有在真实情景中获得的知识和技能，学生才能真正理解和掌握，才能回到真实生活或其他学习环境中解决实际问题。教师的教学就是构建实际的学习环境，让学生在学习环境中结合自己旧有的知识建构出新的意义和知识。

二、建构主义教学的实践指导功能

目前，建构主义教学理论在我国教育界成了一种强势理论，似乎不谈建构主义就没有新意，但人们要尽量避免盲目崇拜的态度。对于建构主义教学理论，要辩证地看待它，要客观地分析它是否具有理论价值和实践价值，是否能促进和提高我国教学水平，理论存在哪些局限性等问题。

（一）建构主义教学理论对实践的指导价值

1．建构主义教学理论为英语个性化课堂教学实践提供了先进的理念和观点

建构主义教学理论之所以能成为世界各国课程改革的理论基础，并被广泛实践于课堂教学中，是因为建构主义站在批判传统死板教学的立场上提出了先进的教学理念。建构主义教学理论从教学目的、教学主体、教学条件、教学原则、教学方法、教学内容、教学评价七个方面对课堂教学进行了全面的诠释，为指导实践提供了理论依据。在教学目的上，最直接的目标就是通过教学来提高学生自主探究的能动性和主动性，最终目的是使

学生对知识进行“意义建构”，把学生培养成善于探究和思考的学习者和实践者；在教学主体观上，建构主义提出学生是教学活动中的主体，而教师在教学活动中是主导者，引导学生进行知识建构，指导和推进整个教学活动；在教学环境观上，建构主义提出要构建生动活泼、轻松愉快又能激起学生认知冲突的问题情境，学生在这样的教学情境中不断地思考与探究，通过师生和生生之间的互动和展示，共同进行意义建构；在教学原则上，建构主义提倡建构性的、活动性的和主体性的原则；在教学评价上，建构主义者提出了创新性的评价标准，包括目标自由的评价标准，即克服特定单一的目标对评价的束缚，看重真实问题解决的评价标准，同时还要注重多元化评价。

2. 建构主义教学理论为英语个性化课堂教学提供了三种实践参考模式

建构主义教学理论不仅对课堂教学有指导价值，而且还为英语个性化课堂教学提供了三种实践模式，这对实践建构主义教学理论有很大的参考和借鉴价值。

第一种，情境性教学模式。情境性教学是指教师要尽量为学生创设含有现实问题和真实事件的教学情境，使学生在不断探究问题、解决问题的过程中主动地完成意义建构。在情境性教学模式中，我们将真实事件或问题称作“锚”，教师与学生共同围绕“锚”来展开探究、合作和交流，最终构建起对问题或事件的理解并解决问题，因此这种方法也叫“抛锚式”教学。情境性教学模式主要包括五个环节：第一，要创设情境，根据学生的经验背景和发展需要，建构起学生感兴趣的教学情景。第二，要确定问题，选出学生感兴趣并与学习材料紧密相连的现实问题和事件，如果学生自己能发现并提出问题，学习效果更好，这一环节就是所谓的“抛锚”。第三，学生展开自主学习，独立探究解决问题的方法，提高自主学习的能力，在这一过程中，教师的任务是为学生提供解决问题的相关帮助，如专家在解决此类问题是怎样探索的、应该收集哪些资料、从哪些方面去分析和整理资料等。第四，进行交流，学生将自己对当前问题的理解和想法向同伴和教师展示，通过谈论与交流，不断深化每一位学生对问题的理解，最终形成对问题较为一致的、相对确定的认识。第五，进行效果评价，学生解决问题的过程和学习能力的提升是对学习效果最直接的反馈。

第二种，支架式教学模式。在教育中，概念框架被“支架”，教师通过搭建概念框架不断提高学生的认知水平，学生沿着观念框架一步步攀升。

维果茨基的“最近发展区”是支架式教学模式的理论基础，教师的责任是尽量打造完整的概念框架，学生沿着概念框架不断进行建构，从而将学生的认知水平从已有高度提高到潜在高度。支架式教学模式主要包括五个步骤：第一，搭建支架，在确定了研究问题的基础上，根据“最近发展区”的思想构建概念框架。第二，进入支架，将学生带入到概念框架中某一个点，并以此为根据点展开建构过程。第三，独立探索，学生在概念框架的引领下独立探索解决问题的方法。第四，协作学习，小组之间谈论商议，尽可能地使学生达成一致的理解。第五，评价，包括自评和他评。

第三种，随机进入教学模式。这种模式比较复杂和灵活，它要求在英语教学过程中将同样的学习材料放在不同的情景中，不同的时期、为达到不同目标、采用不同方法来建构。学生通过多种途径去理解和建构知识，从而获得对知识的不同方面的认识，学习者每次“进入”同样的学习材料，都会有不同的收获。随机进入教学模式同样有五个步骤：第一，设计问题情境，确立与目前学习材料相关联的情景。第二，随机进入学习，展示与目前学习材料有密切联系的情景，可以从不同角度和不同侧面来展示。第三，思维发展训练，因为随机进入教学模式所涵盖的内容非常全面和繁杂，在应用这种模式时，教师要注重对学生思维能力的培训。首先，提高学生元认知能力水平，使学生能不断反省和调整自身的认知过程和结果。其次，教师要掌握学生的思维发展特点，帮助学生构建思维模型。比如，教师利用提问帮助学生构建思维模型，“你的意思是……”“你这样想的原因是……”等，不断牵引学生的思维，最终帮助学生构建一个完整的思维模型。最后，教师注重对学生发散思维的培养。比如，提出这些问题，“你还有其他的想法吗”“还有不一样的解决办法吗”等。第四，展开合作学习，针对同一个事件或问题展开小组间的谈论交流。第五，评价，包括自评和他评。

3．建构主义教学理论为英语个性化课堂教学改革和发展指明了道路

我国一直不间断地开展英语教学改革的目的，就是为了变革传统教育中存在的弊端和不足，而建构主义教学理论作为新课程改革的理论基础，为我国教育改革指明了发展的方向和前进的道路。

首先，建构主义教学理论指出了“树立学生的主体地位”的发展道路。以往的一些教学理论虽然提出了“教师主导、学生主体”的思想，但并没有在具体操作中详细指出怎样体现学生的主体地位。因此，教学中依然延续着教师统治学生的现象。建构主义教学理论的出现，弥补了这一缺陷，建构主义教学理论对教学目标、条件、环境、模式、评价等方面展开了详细的阐述，在理论和实践上都对如何发挥学生的主体地位提供了具体的操作措施。建构主义教学理论不仅是一种思想，更是一个实践的蓝图。建构主义以人为本、尊重学生、关注个性发展的理念是教育工作者学习和努力的方向。

其次，建构主义教学理论表明了“赋予学习和教学以工具性和发展性”的发展方向。建构主义教学理论特别强调对真实问题情境的创设，主张在问题情境中进行学习。同时，建构主义认为学生的学习过程是一个连续不断动态发展过程，学生的学习是不受时间、空间和其他因素限制的，教师不可能将所有知识都传授给学生，所以建构主义主张教师在不断帮助和引导学生建构过程中培养学生自主学习能力。

最后，建构主义教学理论指出了“要实现与现代信息技术相互促进与共同发展”的道路。一方面，信息技术的普及为建构主义的英语教学实践提供了必要基础，建构主义教学理论在信息技术的支持下将理论转变为教学产品，被广泛应用；另一方面，信息技术依据建构主义的思想设计教学软件，使发明的教学软件效率更高，对学生帮助更大，同样也使信息技术不断繁荣。

（二）建构主义教学理论实践指导的局限性

建构主义教学理论为实践提供了先进的理论指导，也为实践提供了参考模式，还为我国教育的发展和改革指明了方向，对实践有巨大的指导价值。但建构主义教学理论作为一种舶来品和新生品，在实践中也存在着一些局限性。

1. 建构主义教学理论不利于系统知识的学习

建构主义教学理论提倡的“意义建构”存在一定的弊端，因为学生受到自身知识和经验的限制，通过自身建构出来的知识可能是片面的、不连贯的，有一些偏差和错误，不利于学生学习到系统、连贯的知识。此外，有些常识性知识和具体知识无须建构直接接受就可以，如果一味地追求学生的自主建构，会导致学生知识结构的零散和知识容量的下降。再者，建构主义教学理论有相对主义、主观主义的倾向，其否定任何“真理”，强调知识是不断变化的，而且不同的人通过不同方式的建构会对知识有不同的感悟。如果每个知识点都有成千上万个不同的说法，那么学生怎样在这些鱼龙混杂的说法中辨别真伪？所以，建构主义教学理论过度的相对主义和主观主义倾向，使学生在学习时容易迷失方向，更不利于学生学习到科学、全面的知识。

2．建构主义教学理论的实践领域有限

从建构主义的发展历程来分析，它是认知主义学习理论的延续和创新，因此建构主义教学理论更有利于对认知领域知识的学习，而对情感领域和技能领域的知识学习并没有很大的优势，甚至存在一定的局限性。例如，记忆类知识、常识类知识和动作技能等更适合教师直接讲授，不需要浪费大量的时间和空间进行意义建构就可以被理解。所以，人们要在恰当的英语学习内容中实践建构主义教学理论，并不是盲目地将其实践到所有课程中。

3．实践建构主义教学理论对人力、物力、时间要求高

在课堂教学中实践建构主义教学理论，需要高质量的人力、物力和充足的时间。目前，我国实际课堂教学中，很少能达到建构主义的要求。

在人力方面，建构主义教学理论对教师和学生都提出了很高的要求，教师不但要对教学材料有深入的了解和研究，而且能够对其他学科的知识融会贯通，要有创设情境、组织合作、启发诱导和善于交流等能力，同时还要有心理学和教育学的知识背景，能恰当地应用信息技术等。同样，建构主义教学理论对学生要求也很高，学生不仅要积累充足的经验和知识基础，还要有一定的学习策略和自学能力。

在物力方面，伴随着多媒体信息技术的普及，我国教学条件和环境也不断改善，多媒体、计算机和网络等被广泛地运用到英语教学过程中，保证了建构主义教学理论在英语教学实践中基本的前提。由于条件有限，目前我国学校的硬件设施只能满足少部分学生的学习需要，还没有普及和达到建构主义教学理论的要求，这必然会影响建构主义教学理论的应用。

在时间方面，无论是教师的教学过程设计、创设情境、启发诱导，还是学生的自主建构、合作、交流、展示等，都会花费较长的时间。在实际的教学中，学生往往要学习很多的知识，然而课堂学习时间又十分有限，因此，在课堂教学中实践建构主义，很难将所有的学习材料在有限的时间内全部完成。

4．建构主义教学理论是一种舶来品，与我国国情有不相适应之处

建构主义教学理论起源于西方，并在西方的教育界引起了巨大的轰动，随着西方教育者对建构主义教学理论研究不断地丰富和深入，大量专著和

文献问世。与此同时，建构主义在世界课程改革中发挥了重要指导作用。大约在 20 世纪 60~70 年代，我国学者开始引进和关注建构主义教学理论，其现在成为我国课程改革的理论基础。但是，建构主义教学理论毕竟是一种舶来品，它与我国目前的教育体制、文化传统、教学价值和知识观念等有很多的冲突。比如，在教材方面，建构主义教学理论要求教材要“从上到下”编写，而我国目前的教材是遵循“从下到上”的分解知识，从具体到综合；在学科教学方面，建构主义教学理论提倡不同学科之间的融合和互补，这与我国目前的学科教学对立；我国目前的应试教育体制，与建构主义教学理论的理念针锋相对。因此，依目前中国教育实际情况来讲，彻底实践建构主义教学理论是一个非常艰难和充满挑战的过程。

第二节　多元智能理论与高职英语教学

一、多元智能理论的含义

美国发展心理学家霍华德·加德纳（Harvard Gardner）在研究了不同对象的脑与智能的基础上，修正了智力传统概念，将其界定为：

（1）智力是在单元或多元文化环境中解决问题并创造一定价值的能力。

（2）智力是一整套使人们能够在生活中解决各种问题的能力。

（3）智力是人们在发现难题或寻求解决难题的方法时不断积累新知识的能力。

加德纳先后提出了语言文字智能、数理逻辑智能、视觉空间智能、身体运动智能、音乐韵律智能、人际关系智能、自我认识智能和自然观察者智能等多种不同的智能。根据加德纳的观点，人的智能具有以下特征：智能的普遍性——每个人都拥有多种智能，只是某些智能的发达程度和智能组合的情况不同而已，且智能经过组合或整合可以在某个方面表现得很突出；智能的发展观——人的智能可以通过后天的教育和学习得到开发和进一步加强；智能的差异性——既有个体间差异，也有个体内部的差异；智能的组合观——智能间并非彼此绝对孤立，毫不相干，而是相互作用，以组合的形式发挥作用。

二、多元智能的构成

加德纳认为:“智能是解决某一问题或制造某种产品的能力，这些能力对于特定文化或社会环境是有价值的。”传统的智能观过于狭窄，把智能局限于语言和数理逻辑方面，忽视对人的发展具有同等重要作用的其他方面。他认为，人的智能是多元的，人所共有的八种智能如下。

（一）语言文字智能

语言文字智能（Linguistic Intelligence）是指用语言思维、语言表达和欣赏语言深层内涵的能力，即创造性地使用口头和书面语言的能力。语言文字智能较强的学生用词语进行思考，他们善于通过阅读、写作和讨论来学习。他们一般掌握大量的词汇，能进行言语和书面交流。民间故事家、演说家、诗人、小说家、著名节目主持人等都属于语言文字智能发达的人。

（二）数理逻辑智能

数理逻辑智能（Logical-mathematical Intelligence）是指人能够使用数字和推理进行计算、思考命题和假设，以及进行复杂数学运算的能力。数理逻辑智能较强的学生喜欢运用数学和抽象模式进行思维，他们往往清晰地考虑问题，借助逻辑和抽象的符号进行学习，具有强烈的探索欲望，敢于接受解决问题的挑战。科学家、数学家、物理学家、天文学家、统计学家等具有较高的数理逻辑智能。

（三）视觉空间智能

视觉空间智能（Visual-spatial Intelligence）是指人对色彩、形状和空间位置等准确感受和表达的能力，包括用视觉手段和空间概念来表达情感和思想的能力。空间智能使人能够感觉、知觉到外在和内在的图像，喜欢图形思维，善于运用想象力，能够重现、转变或修饰心理图像。视觉空间智能较强的学生以形象进行思维，他们善于把握空间关系，有很好的结构感觉、色彩感觉，能敏锐地捕捉细节和色彩，善于通过视像来学习。像建筑师、摄影师、画家、雕塑家等都是视觉空间智能较强的人。

（四）身体运动智能

身体运动智能（Bodily-kinesthetic Intelligence）是指人能巧妙地操纵物

体和调整身体的技能。身体运动智能较强的学生通过运动和亲身实践来学习汲取知识，且善于用身体来表达内心的感受，他们喜爱表演和扮演角色，喜爱舞蹈和运动，动手能力强，喜欢动手操作。身体运动智能较强的人在身体的平衡、协调、力量、速度、灵活性等方面比一般人强。如演员、舞蹈家、运动员、服装设计师等都属于身体运动智能较强的人。

（五）音乐韵律智能

音乐韵律智能（Musical Intelligence）是指人敏锐地感知音调、旋律、节奏和音色等的能力，以及通过音乐表达思想和感情的能力。音乐旋律智能较强的学生对于节奏和旋律极为敏感，他们擅长通过乐曲和歌词进行学习，喜爱唱、哼、吟、说。他们不仅爱听音乐，而且善于读谱、写歌和作曲。演唱家、作曲家、指挥家以及音乐爱好者都具有较强的音乐韵律智能。

（六）人际关系智能

人际关系智能（Interpersonal Intelligence）是指能够有效地理解别人和与人交往的能力。人际关系智能较强的学生善解人意，对他人的心思、动作领会很快，能站在别人的立场上思考并理解问题，能够辨别不同的人际关系暗示，能够对这些暗示做出适当的反映，他们喜欢以小组形式活动，能理解和尊重他人，往往具有很强的领导和组织才能。人际关系智能发达的人包括政治家、外交家、心理咨询专家、宗教领袖等。

（七）自我认识智能

自我认识智能（Intrapersonal Intelligence）是指关于了解自己、约束自己以及辨认自己与他人不同和相同之处的能力，能意识到自己的内在情绪、意向、动机、脾气和欲求，善于用这种知识指引自己的人生。自我认识智能较强的学生在充足的时间内安静地独立工作时最为有效。他们善于分辨自己的心理状态，了解自己，知道自己的长处与短处，富有主见，遇事能深思熟虑，常常坚持自己的信念。自我认识智能的人包括神职人员、自传体小说家和对自己内心世界有深刻感知的人等。

（八）自然观察者智能

自然观察者智能（Naturalist Intelligence）是指观察自然界中的各种形态，对物体进行辨认和分类，能够洞察自然或人造系统的能力。自然观察者智能既包括对动植物的辨识能力，也包括对艺术风格与生活模式的察觉等能力。自然观察者智能较强的学生对于自然和环境具有强烈的意识，他们具有敏锐的观察力，能理解与环境相关的种种现象，擅长分门别类，整理排列，他们喜欢阅读和写作有关自然界的作品，他们主要为自然观察者，如植物学家、生态学家、猎人和庭院设计师等。

三、多元智能理论的特征和意义

（一）多元智能理论的特征

1. 多元性特征

多元智能理论认为，上述这八种智能因素是多方面相对独立地表现出来的，它们同等重要，因此我们不能将语言智能和逻辑数学智能置于最重要的位置，学生是否有良好的表现，往往在很大程度上取决于学生是否拥有运用语言和逻辑数学之外的智能。

2. 整体性特征

多元智能理论认为，每个人都同时拥有相对独立的八种智能，它们以多元方式组合。这八种智能在现实生活中并非绝对孤立存在、毫不相关，而是以不同方式、不同程度组合在一起，共同构成为一组完整的智力。它们同等重要，应平衡发展。

3. 实践性特征

加德纳认为智力是人们在生产和社会实践中进行产品加工和创造的过程，是不断发现新事物提高个体生存能力的过程，其特别强调了智力的本质是个体解决实际问题或生产出社会需要的产品的能力。

4. 差异性特征

多元智能理论承认尽管每个人都具有相对独立的八种智能，但它们在每个学生身上以不同方式、不同程度组合使其智能各具特点。由于个体生活环境及所受教育不同，组合和利用它们的方式也各有特色，其发展方向和程度因环境和教育条件不同而表现出差异，这就造成人们的智能在表现方法和表现程度上各不相同。

5. 开发性特征

加德纳认为智力是一种生物潜能，人的多元智能发展水平高低在于开发的程度。在一个充满教育性的环境下智力是可以被提升的，只要能得到适当的刺激，几乎所有智力在任何年龄段都是可以发展的。而其开发程度越高，发展水平越明显，相应智力水平也越高。

（二）多元智能理论的意义

加德纳的多元智能理论至少取得了三个方面的突破。

（1）智能观方面——多元智能理论阐述了每个人的智能是多元的，虽然并非每一个方面都能达到最高水平，但有一方面是最佳的，并且每个人的最佳智能单元是平等的；智力不再是传统意义上的逻辑数理智力或以逻辑数理智力为核心的智力，而是素质教育所强调的实践能力和创造能力。这促使教师走出片面的、单一的标准评价学生的误区，开始以多元的角度分析、理解学生，以宽容的心态接纳和信任每一个学生。我们认识到学校里没有“笨学生”，因为学生各具智力特点，有不同的学习方式和发展方向。

（2）智能整合方面——智力不是一种能力或以某一种能力为中心的能力，而是“独立自主和平共处”的多种智力。加德纳认为，人至少有八种具有相对独立的智能，而这八种智能（或其中某几种智能）往往是通过不同形式的组合，以某种综合的方式在某个人的行为、生活中体现，即人的智能经常以整合的形式实现其价值。不同水平智能、不同形式的组合，将构成学生之间的差异。因此，我们要采用多种教育手段，提供丰富的教学内容，为学生拓宽运用自己知识的方式，主动建构知识经验与能力空间，拓宽展现自我、实现自我的渠道。

（3）学生观方面——多元智能理论指出每个人都有自己的学习方式，每个人都不同程度地拥有相对独立的八种智能，每名学生都有自己的优势智力领域，有自己的学习类型和方法，学校不存在差生，全体学生都是具有自己的学习特点、学习类型和发展方向的可造就人才。学生的问题不再是聪明与否的问题，而是在哪些方面聪明和怎样聪明的问题。因此，教育应该在全面开发每个人的各种智能的基础上，为学生创造多种多样的展现智能的情景，给每个人以多样化的选择，使其扬长避短，从而激发每个人潜在的智能，充分发展每个人的个性。

人们在八种智能方面所拥有的量各不相同，八种智能的组合与操作方式各具特色。与传统的智能理论相比，加德纳的研究不仅揭示了一个更为宽泛的智能体系，而且提出了新颖实用的智能概念。

四、基于多元智能理论的英语教学策略

研究表明，每个学习者都蕴藏着极大的学习潜能，都有自己丰富而独特的内心世界。而成功的英语学习在于教师引导学习者充分发挥他们的潜能，开发他们的多元智力，调动他们的学习动机，以使其进行主动学习和合作学习。因此，在学习英语教学课程时，学习者应充分考虑将所接收的信息由一种智力转化为另一种智力。例如：擅长演讲的学生可以模仿伟人的演讲词和演讲风格来进行学习；擅长数理的学生就应侧重于从数学符号和形式逻辑的角度开展学习；擅长身体动作的学生适合于通过演剧目和伴随身体语言来学习；擅长音乐节奏的学生可以通过歌曲、歌谣的形式或伴随背景音乐来学习；擅长视觉绘画的学生应着重于通过造型图像等来学习；擅长人际交往的学生更适合于通过小组或与别人一起活动来学习；擅长自我认知的学生通过写日记、总结来学习；擅长自然观察的学生通过接触和了解大自然的奥秘来学习。每个学生都能从自己最擅长和最喜欢的智能或智能组合来自主学习英语。

以下是作者在多元智能理论指导下所设计的具体教学策略，目的是培养学生利用各项智能以达到最佳的学习效果。

（一）利用语言智能，培养能力

语言智能是对所学语言进行有效听、说、读、写、译等活动，包括把文法、音韵学、语义学、语用学结合在一起并运用自如的能力及完成表达思想、与人沟通、了解他人的能力。它有助于学生学习和掌握语言的结构、发音、意义、修辞等，并进而加以结合实际的应用。语言智能的发展对学生取得任何学科学习成功都有显著的影响。语言智能强的人常在谈话时引用他处获取的信息，喜欢阅读、讨论及写作，学生在学习时多用语言及文字来思考。其理想的学习环境要有阅读材料、录音带、写作工具、对话、讨论、辩论及故事等教学材料及活动。

在英语教学中，教师应有意识地为这些学生设计一些教学活动，尽可能为学生创造有利于培养其语言智能的理想学习环境，并鼓励学生涉猎教材以外的资源（如词典、英文报刊、图书馆资源、互联网信息等），通过训练学生的认知能力促进他们发展语言智能。

在口语方面，教师要鼓励学生用英文复述和讲述故事；模拟真实情景，要求学生运用英语描述文学作品并表述自己的想法等。在阅读方面，教师

可给学生推荐课外阅读材料，阅读材料必须是学生感兴趣的并且难度适中。在泛读中可以促进语言的学习和掌握。在阅读过程中学习猜测词义，既能提高阅读能力，又能扩大词汇量，还能获取大量信息。在写作方面，除了课堂布置的写作任务，教师还可以鼓励学生写英文日记，这样既可提高他们对所学英文知识的产出性运用的能力，还可在潜移默化中锻炼他们。总之，通过训练学生在语言各方面的认知能力，能够促进他们发展和强化语言智能。

（二）利用逻辑数理智能，增强逻辑思维能力

逻辑数理智能主要指使用数字和推理、抽象思维、分析与归纳问题的能力。逻辑数理智能较强的学生喜欢抽象思维，以逻辑思维的方式解决问题。他们喜欢提出问题以寻求答案；喜欢寻找事物的规律及逻辑顺序；对科学的新发展有浓厚的兴趣，对可被测量、归类、分析的事物比较容易接受；他们在学习时靠推理来思考。对此类学生而言，理想的学习环境必须为其提供下列教学材料及活动：可探索和思考的事物、科学资料、参观博物馆、人文馆、动物园、植物园等科学方面的社教机构。外语学科属于文科，似乎与逻辑数理没有联系。其实不然，外语学科同样拥有某些数学概念，如排列、组合、编码、对称等，掌握这些概念可以促进外语习得。

在设计一堂英语阅读课时，教师可指导学生根据语篇线索猜测生词词义，理清句子基本结构，整合文本的意义；根据语篇中已知的信息推理故事情节的发展；根据字面意思、语篇的逻辑关系以及细节的暗示，分析作者的态度和语气，深层理解文章的寓意。阅读训练中，采用不同的提问策略、提出开放性问题、让学生预测和改变逻辑结果等能够增强他们的逻辑思维能力，使逻辑数理智能在思考和学习中发挥更大的作用。

（三）利用视觉空间智能，培育创造力与想象力

随着现代科技的进步，语言学习也不再是一种简单、枯燥的记忆过程，教师可以通过利用各种图像手段，如电影、电视、投影、图片、图表及多媒体网络视频资源等进行教学，或利用实物、现场进行直观性的教学，使教学内容视觉化，以增强学生对语言的感悟能力。

视觉空间智能指立体化思维的能力，包括用视觉手段和空间概念来表

达情感和思想的能力。视觉空间智能较强的学生喜欢图形思维，善于运用想象力，有很好的结构感觉、色彩感觉，而且喜爱艺术。因此，教师在英语教学课堂设计中，采用电影、电视、投影、多媒体、挂图、图解、图表等形象化工具辅助教学，有助于激活学生的视觉空间智能。在呈现文章的主体结构时，可设计流程图或层次结构图，有助于学生理清课文脉络和要点。此外，在讲解句子结构时，利用图解法可使复杂的句子结构一目了然。利用真实空间、借助现实物理空间进行直观教学是培养学生空间智能最直接的手段。利用二维平面内的空间关系，创设人造图表空间，可以把教学内容视觉化，达到空间表征。处理以说明文为主的课文，可设计流程图、矩阵图或层次结构图来呈现文章的主题和主要概念；处理叙事体课文，可以采用视图化大纲或网络图，有助于理清课文脉络和要点。此外，图表还能用于分析或解释词汇的语义关系、句法关系、文本的篇章结构等非空间问题。把原本不是空间的问题用空间图表方式来处理，使学习的对象形象化，有利于问题解决。建构这样的空间也要求创造性的智能活动。这不仅可以培养学生将视觉和空间的想法具体在大脑中呈现出来，以及利用空间图示找出方向的能力，还能强化学生用意象及图像来思考的视觉空间智能，从而启发了学生的创造力和想象力。

（四）利用音乐智能，增强语感和语言文化的熏陶

音乐智能主要指对于节奏、音调和旋律的感悟和直觉能力，以及用音乐表达思想感情的能力。音乐智能较强的学生通常对音乐的力量和结构很敏感，有音乐的灵性。研究表明，听歌会促进输入、内化和习得目的语。很多大学生已有多年的外语学习经历，在此基础上，通过演唱英文歌曲，既可以提高学生对音乐的理解力，增强其节奏感，又可以学习和巩固语音、语法和词汇知识，同时激发学生学习英语的兴趣。因此，利用教材或课外的音乐资源，把音乐与教学内容有机地结合是培养学生音乐智能的主渠道。“Yesterday Once More”“Red River Valley”“More Than I Can Say”“You Are My Sunshine”“Right Here Waiting For You”“Take Me to Your Heart”等经典歌曲，在课堂上适时地运用能够消除疲劳、活跃课堂学习气氛及激发学生学习英语的兴趣和动机。

由于青少年学生听觉敏锐，善于模仿，具有音乐的潜能，且又喜欢音乐，因此利用音乐来学习英语不仅能活跃课堂气氛，提高学生的学习热情，

使学生在轻松愉快的环境中学习掌握语言材料，还能提高他们对节奏、音调、旋律或音色的敏感性，培养、开发和强化他们的音乐旋律智能。同时，英文歌曲本身也是英语语言及英语文化的载体，以音乐为媒介来学习语言，可以让学生在优美的音乐旋律中增加词汇量，增强对其语感和语言文化的熏陶。而这样的教学方式有听主题音乐或背景音乐，唱与教材同步的英文歌曲或与生活联系密切的抒情歌曲。教学步骤为先听歌曲，呈现歌词，讲解歌词的语法、句法和词汇，分析歌词内容，然后学唱。

（五）结合身体运动智能，在英语教学中体现“在做中学”

语言学习的过程实际上是一个包括读、听、看、说、写等多种行为的动态过程。有资料显示，人类知识的 70% 是通过与肢体动作相关的活动获得的。身体运动智能指个体控制自身的肢体、运用动作和表情来表达思想感情和解决问题的能力。身体运动智能较强的学生具有较好的反应能力，他们喜欢参加体育活动，动手能力强，擅长手工操作。因此，英语专业教学应尽可能多地为学生创设动态学习环境，让学生动起来，现行的大学、初高中英语教材把课堂游戏纳入了教学内容。其中，演示类游戏较多。演示类游戏属于动觉游戏，能够同时训练学生的肢体语言、口语和书面语，促进其语言与肢体的配合、动作与表情的协调，但英语教学的学习很少有肢体活动内容。现行很多教材把课堂活动纳入教学内容，但利用动觉和学生的肢体语言来活动的不多，这就需要教师课前进行设计，利用教学内容，创设动态化的环境，给学生提供肢体动作的机会。

教师要求学生借用肢体语言来帮助表达思想，还可以利用原版录像带，引导学生观察、理解、模仿体态语，比较英汉体态语异同，积累用肢体语言表达思想的经验。例如，学习“Body Language，Gestures”时，要求学生收集比较英汉体态语异同，并且表达出来。

（六）利用人际关系智能，开展合作学习

英国心理学家韩普瑞曾说过，人类心智最具创意的运用是有效地维系人类社会，并成功地处理周围的各种人际关系问题。人际关系智能主要指交往和与他人合作共事的能力。人际关系智能较强的学生善于与人相处，喜欢群体活动。在英语教学课上，教师可以将学生分成不同的小组，根据课文内容设计一些讨论题，先让每个小组分别讨论，然后选出各组代表阐

述观点。这种合作学习能营造轻松自如的学习气氛、降低学生的焦虑感。使学生之间愿意沟通，愿意表达自己真实的思想感情。在这个过程中，教师可以对小组指导或提供帮助，与学生面对面地交流，有利于形成师生之间的合作关系。

创设积极的人际交往环境最好的办法就是开展小组合作学习。引导学生在小组合作学习中运用所学语言，使语言的形式和意义相结合，使语言学习更有交际意义，符合语言学习和运用的规律。在英语教学中，教师不仅要培养学生听、说、读、写、译各方面的英语技能，还应传授其交际策略，因为语言学习的最终目的就是交际。根据多元智能理论，教师应培养和加强学生在人际交往方面的智能，使学生的各项智能得到全面开发和发展。这要求教师为学生创造需要运用语言去沟通才能完成的任务，可大量采用情景教学法和任务教学法。

（七）发展自我认知智能，积极开展自主外语学习

自我认知智能是了解自己、约束自己以及辨认自己与他人相同和不同之处的能力。自我认知智能较强的学生善于自我激励，不盲目从众，自觉能力强。

英语的教学目标是培养学生英语综合应用能力，增强其自主学习能力，提高综合文化素质，以适应我国经济发展和国际交流的需要。为实现这一目标，英语专业教学改革的措施之一就是改革现行的教学模式，将教师讲、学生听的被动模式转变为以计算机、网络、教学软件、课堂综合运用为主的个性化、主动式教学模式。为此，通过元认知和认知策略的培养，开发学生学习自主性，使其具有管理自己并对自己的学习负责任的能力。自我认知智能是关于建构正确的自我知觉的能力。自我认知智能强的人具有自我认知、自我反省的能力，并善于用这种能力规划和引导自己的人生。心理学研究表明，元认知是智能的核心，元认知意识能鼓励学生做出成功的选择，并有效地修正自己的行为。学习者是否成功在很大程度上取决于自己元认知水平的高低。英语教学应积极培养学生自主学习能力，启发学生对自身认知资源的认识，引导他们了解任务类型、学习某些策略知识。

教学实践证明，多元智能理论中智能多元化、个性化和情景化的教学理念与当前英语专业教学中所提倡的自主性、探究性、协作性和交际情景

化的教学理念相辅相成。以多元智能理论为依据的英语教学课堂设计更加注重学生的独特性和强调情景化教学，因而成为外语专业教学中备受欢迎的教学法。正如加德纳所说，多元智能理论是激发想法的教学模式，它是英语专业教师教学探索和推陈出新的理论基础。

此种模式对于英语教学是一种创新、一种探索，但其理论的说服力仍有欠缺之处，对于许多理论问题没有深入进行分析，如英语教学的教育理论基础等。虽然这些问题很难在有限的篇幅内展开讨论，但是无论对于英语教学的理论还是实践，都有很大的研究价值与意义。这些问题尚有待在今后的学习中进一步探讨。

第三节　学习者需求理论与高职英语教学

一、学习者需求理论的基本主张

学习者需求是指“外语学习者为真正习得一门语言所必须要做的事情”。了解、分析学习者学习需求的过程称作“需求分析”。不论是普通英语还是专门英语，任何课程都是建立在学生的某种需求之上。学习者需求主要包括目标需求（Target Needs）和学习需求（Learning Needs）。美国语言教学专家格雷夫斯（Graves）认为，学习者需求分析，从根本上说是一个收集有关学生的需求和学习风格的信息，并加以解释分析，然后在此基础上做出课程计划以满足学生需求的系统的、连续的过程。学习者需求分析目前已经成为 ESP 课程的一个重要特征。所谓 ESP（English for Specific Purposes），即专门用途英语，是与某种特定职业或学科相关的英语，是根据学习者的特定目的和特定需要而开设的英语课程。根据具体功能的不同，ESP 可以进一步划分为满足学科学习发展的学术英语、科技英语和符合特定职业需要的金融英语、外贸英语、旅游英语、法律英语等。Strevens 认为 ESP 具有两大主要特征：一是以学习者的需求为导向；二是内容与职业有关。因此，ESP 教学遵循真实性原则，即文章的选择、练习的设计必须是与专业相关的真实语料；ESP 教学还要遵循需求分析原则，即教学内容要依据学习者的需求进行设计。学习者需求分析能够帮助学生审视自己的学习，明确自己的需求，获得自主意识，控制自己的学习。根据格雷夫斯

（Graves）的观点，一个课程要满足学习者需求，就必须收集到学习者当前的语言水平、学习态度、学习风格、渴望达到的目标或改变等信息；课程的教学目标就是使学习者从课程开始前的能力、态度、风格，不断进步，发展到他们渴望达到的更高能力或改变。而学习者需求分析的目的就是通过收集学生相关信息加以分析解读，以利于教师决定该课程教什么，怎么教，怎么考核。

二、学习者需求理论对高职英语教学的启示

不难看出，学习者需求分析理论也是高职英语教学的根本出发点和成功的关键。近年来，关于高职英语教学的研究发现大学生英语学习需求总体上表现出多样性和个性化的倾向，文理科学生、重点大学与普通大学学生在英语学习需求的某些方面差异显著。当前，高职英语教学未能充分体现和切实满足学生的个性化学习需求，直接导致多数学生学习动机缺乏和学习兴趣丧失。因此，我们要根据学生基础和接受能力来开展教学。在教学中，我们要摒弃传统的以教师为中心的“灌输式”教学方式，而应采用以学生为中心的教学方式。首先，在教学目标的界定上，要考虑不同需求的学生的差异性。其次，在教学内容的规划安排上，要选择符合不同学生接受能力和需求层次的教学素材，以激发学生的学习内驱力。再次，在教学方法上，可以运用引导式、参与式、启发式、讨论式等方法，开展多样化、个性化的教学活动，营造符合特定需求层次的课堂氛围及环境，从而激发学生的学习兴趣。具体说来，我们应引导学生用其所学的英语知识和技能对专业知识进行自我表达，使学生成为课堂教学中的积极参与者。最后，在教学评价上，要结合学生不同的学习需求，来构建合理的评价机制，不能以一种标准来衡量所有学习活动的成效。

第四节　语言学习风格理论与高职英语教学

一、语言学习风格理论的基本主张

在西方，随着以人为本教育理念在教学活动中的贯彻，以及个别化教学这一趋势的不断呈现，教育研究的重心逐渐从“教”转移到了“学”，人

们逐渐重视对学生学习差异的研究以及学习者个体在学习过程中的主观能动性和创造性的关注，由此开辟了对学习者个体学习方式差异性的研究，学习风格便也因此成为相关研究的热点。学习风格理论的研究始于20世纪50年代，研究者从学习者的个人生理因素、心理因素和社会环境因素来研究个体在学习方法、学习进程和学习倾向上存在的差异，从而为分析学习者学习内部的动态心理过程和个性特征提供了新的视角，同时为教师贯彻实施因材施教的教学原则提供了理论依据和参照。

学习风格是学习者在学习过程中经常采用的习惯性学习方式和倾向。它是学习者在一定的生理特征基础上，在长期的学习活动中逐步形成的相对稳定的个体偏爱的学习方式，主要表现在个体对外界信息刺激的感知、注意力和解决问题的方式上。它的形成受制于学习者个体发展的多种变量或因素的影响，包括：学习者自身的因素，如人格特质、学习兴趣、生物节律等；成长环境，如家庭背景、伙伴类型、社会环境等；教育形式，如授课方式、信息刺激形式、教学场所布置等。学习风格很少因学习内容、学习场所的变化而变化，其表现出持续一贯的稳定性和鲜明的个性特征。关于学习风格要素的研究，比较有影响的要数美国圣·约翰大学的邓恩夫妇（Dunn & Dunn）。1972年，他们在对纽约三十多名学生的学习方式研究的基础上提出了学习风格模式，其包含与环境、情感、社会和生理有关的18种要素。随后，邓恩夫妇对这一模式进行了多次修正。1979年，他们添加了认知风格；1980年，他们又填补了心理成分。他们认为学习风格的形成受多层面多种因素的影响，这些使学习者个体形成了习惯性的信息接收、加工和储存的偏爱方式。他们的研究成果为学习风格要素的研究奠定了基础和依据。20世纪90年代初期，美国亚拉巴马大学的奥克斯福特（Rebecca Oxford）教授就语言学习的偏爱方式进行了较为深入的研究。她将学习风格分为五大类：①与感官偏爱有关的学习风格：听觉型、视觉型和触觉型或操作型；②与人格特质有关的学习风格：外向型和内向型；③与信息加工方式有关的学习风格：直觉型和序列型；④与信息接收方式有关的学习风格：封闭型和开放型；⑤与思维方式有关的学习风格：分析型和整体型。奥克斯福特认为学生获取信息的主要感知通道是视觉、听觉和触觉或操作。视觉型学习者的典型特征是通过视觉刺激手段接受信息。听觉型学习者喜欢接受听觉刺激进行学习。在听觉学习过程中，学习者常按计时加工的方式接受信息。操作型学习者的主要特征是喜欢动手尝试，他们乐于在“做中学”，往往在操作性技能的学习中表现突出。与人格特质有关的学习风格对学习活动的选择有很大的影响。外向型的人性格开朗、情感外露、健谈好动，因而喜欢交互性的课堂活动，乐于与同伴协同学习；而内向型的人稳重寡言、不善于与人交往，所以喜欢独自学习或与自己比较熟悉的人做两人组的学习活动。直觉型的学生喜欢探索事物的主要规则，爱推测，善于抽象思考，但不愿听循规蹈矩的说教。相反，序列型的学生喜欢按部就班的教学方法，且善于使用各种记忆策略。

二、语言学习风格理论对高职英语教学的启示

学习风格理论为高职英语教学提供了重要的启示。首先，在学生的学习过程中，不同学习风格的学生对外界信息刺激的反应、对新信息的感知、加工处理以及解决问题的方式上都存在着差异，这些将不同程度地影响学生对某些教与学的方式方法以及策略的选择与认同，而一旦学生没有找到适合自己学习风格的教学方式，那么其学习质量必然受到影响。高职英语教学，正是基于每个学生的个性化发展，为每个学生提供适合其个性和学习风格的教学方式。其次，学习风格理论有助于教师深入了解学生的个体差异，并根据此制订教学的策略，以促进学生的有效学习。一方面，要为学生提供与他们的学习方式相一致的匹配策略；另一方面，又要针对学生学习风格中的短处和劣势采取有意识的失配策略加以弥补。只有这样，才能真正地做到因材施教，切实地提高高职英语教学的效率。因此，在高职英语教学实践中，教师应了解不同学生的学习风格，以便有的放矢地选择教学方法、教学策略与课堂活动，尽可能地调动全体学生的学习积极性。此外，教师应帮助学生分析各自的风格特点，使学生在发挥自己优势的同时拓宽学习渠道与方法，以便更有效地选择学习策略、弥补原有风格的不足与缺陷。

第五节　人本理论与高职英语教学

一、人本主义理念下英语课堂教学行为分析

在英语个性化课堂教学中，学生和教师应该是主体间关系，教学的意

义在师生互为主体的情境中得到阐释。在教学中，教师要关注每一名学生，尊重学生的学习主体和个性化学习特征；学生也应该积极参与教师组织的课堂教学或者其他学习活动，尊重教师的劳动成果，与教师一起探讨知识学习和技能训练，从中获得心理和智慧的健康成长，让师生在学习活动中充满人本主义情怀。

二、人本主义下英语课堂教学行为特征分析

人本主义理念下高职英语课堂教学行为适切性有三个特征：

一是师生关系的和谐性。教师应该明确自己的角色，教师不是传统的教书匠，而是学生的朋友，是学生学习的促进者和帮助者；教师应与学生建立起平等的师生关系，发自内心地关心爱护学生，尊重学生的感受，关注学生的情感。在此基础上，教师为学生的实现自我而努力。

二是教学方法的差异性。人本主义教育重视学生的主体性地位，以学生为中心，相信学生，大胆放手让学生自我评价，同时关注学生的个体差异，真正做到因材施教。

三是教育评价的全面性和多样化。教育评价要充分体现以学生为本的思想，重视学生的需求，关注学生的个体差异，尊重学生的个性发展，注重学生间的自我评价，关注学生的长远发展。人本主义教育评价观认为教育评价应该关注人的成长而不是分数，因此教育评价应该聚焦于人的全面发展，对人的长远发展做测评。

三、人本主义下英语课堂教学行为影响因素分析

（一）教师影响因素

教师因素不仅只对教师行为有影响，它对学生行为也有影响，因为学生行为不是孤立的，而是在教师指导下发生的。教师需要对自身教学因素进行判断，意识到哪些教学因素对问题行为产生了怎样的影响，从而敢于面对自己在教学中的问题，勇于承担责任，发现问题及时寻找原因，寻找解决办法。教师应从改变自身开始，提升自己的专业水平，促进自身的专业化发展。教师因素有以下几方面：

1. 教师的教育观念

教师的教育观念是指教师对相关教育观念的主体性认识，它是在教育

教学实践中形成的。教育观念对课堂教学行为的影响不容忽视，它是促使课堂教学行为发生发展的关键。其实很多教师都愿意用新的理念，也很想改进自己的教学，但是课堂任务繁重，学生也比较多，并且由于新理念涉及更加专业的知识领域，教师在采用新教学理念的过程中有很大的障碍。事实上，教师觉得一些专业书籍过于理论化，与现实教学相差甚远，他们对过于专业的理论知识有一定的接受障碍，教师们的实际教学过程依然是依赖个人或集体的一些经验，缺乏理论指导。但是，教师的教育观念直接影响课堂教学方法的适切性。

2．教师的知识结构

教师的知识结构复杂多样，它包含了众多理论与实践知识，因此只有将一系列的知识相融合，以此为基础形成的教师行为才能多样有效，进而带动课堂教学行为的整体发展。高职英语教师必须具备学科教学的知识、教学对象的知识、教育情境的知识。学科教学知识，顾名思义，即与教学有关的知识。英语学科教学知识是英语语言技能方面的专业技能知识。教学对象的知识则是指关于教学对象的特点的相关知识，教师只有对教学对象的知识全面了解，才能进行有效的教学活动。教育情境的知识指与教学密切关联的教学环境方面的知识，这种教学环境会影响教师与学生。

除了所教学科知识，学习对象的知识和教育情境的知识也尤为重要。教师的教学要有效，就必须充分了解自己的教育对象。教师要充分了解学生的学习态度、家庭背景，了解学生在课堂上可能会提到的问题等，通过教学设计的准备，激发学生学习英语的兴趣、提高学生学习英语的效率等。这样，教师才可能在教学活动中做到因材施教。教学活动的顺利开展和教学质量提高的重要保证是有优良的教育情境，因此在传授知识时，教师应根据不同的教育情境灵活处理。

3．教师专业精神

通过深刻地认识教育活动，教师形成了相应的教育价值观，培养了相应的教育情感和社会责任感，进而实现教师行为的价值选择的过程就是教师专业精神孕育和养成的过程。教师专业精神不同于教师知识或技能具有显性的、可观察的点，它常常隐含在教师日常不经意的言语或行动中，教师不有意为之。教师专业精神往往是通过对教师教学风格、教学举止、教学机制等长时间的观察和实地考察进行的。

4. 教师创新能力

创新能力不仅是教师自身专业成长与发展的需要，也是培养学生创新意识和创新能力的要求。通过研究发现，教学过程缺乏创新是影响课堂教学行为适切性的重要因素，例如某学校的英语课堂全部采用同一种模式。在教学过程中，教师应该根据不同的教学目标、不同的教学对象和具体的教学情境采用不同方式进行课堂结构的设计，采取不同的教学方法，设计形式多样的课堂活动。通过课堂观察，我们发现，多数教师采用“呈现—练习—巩固”的教学过程，有少数教师表示在课堂上会安排学生小组合作进行操练，但是正如访谈中教师提到的“学生人数多，课堂时间有限”，很多小组合作只是形同虚设，教师根本无法给予有效指导和监督。有很多老师直接用教材中提供的电子教案，根本没有考虑到授课对象，这就严重违背人本主义理念的要求，造成了课堂教学行为的不适切。

5. 教师反思能力

教学反思是教师对自身拥有的知识与经验进行整合的过程，是教师通过对理论与实践的内在联系的搜索，对教学和专业发展获得的新认识。教师是否善于反思自己、总结经验是教师教学行为能否提高的关键。教师反思包括对自己的教学策略、教学方法、教学效果等方面的反思，旨在提高教学质量和自身专业水平。

教学反思有利于教师了解自身的优势与不足，为教师形成具有个性的教学模式提供保证。教学反思是教师个体不可替代的行为，以课后反思为主，其反思内容包括：教学方法的选择，教学对象的了解；课堂中教学行为与教学目标是否相符合，是否能恰当合理地整合教材，是否能灵活应对课堂教学中的突发事件等；课后及时归纳、评价、总结课堂教学，对自己的长处与不足进行总结，及时记录课堂中的动态生成，为今后的教学提供丰富的参考经验。教学反思能调节和重构教师原有的教育思想和经验。在对教师的访谈中，笔者了解到，几乎所有教师都表示会从学生接受角度和教师设计角度进行课后反思，而对于课堂中生成的一些东西却很少有人提及，可见教师的反思能力也是影响课堂教学行为适切性的重要因素。

（二）学生影响因素

1．学生的智力水平

学生的个人能力和整体素质是影响学生发展的重要因素。智力水平是内部基础，它决定了能力和素质这两项重要因素，素质和能力则成为智力的外部表现。因此，学习行为的基础性因素就是智力水平，它对学习行为有直接影响。对于这一点，需要教师具有更多更专业的教育知识，而这无疑是对英语教师的又一大挑战。

2．学生的学习动机

学习动机是学生学习的内在动力，它对学生的学习态度、学习效果和过程都产生深远的影响。学习动机可以推进学习行为，学习行为改变学习动机。随着学习行为的不断前进，其进展过程和结果直接或间接地改变着学习动机。

3．学生的学习兴趣

学生的学习兴趣是指学生对于学习某一学科或领域的内在动机和兴趣。学习兴趣可以受到多种因素的影响，包括个人兴趣、好奇心、成就动机、自我认知和环境因素等。兴趣在学生学习中具有重要地位，可以直接转化为有利的学习动机，激发学习热情，同时它也能帮助学生进行学习行为方向上的选择。21 世纪是信息时代，各种媒体的神秘色彩深深地吸引了大学生的注意力，如果英语教师善于正确引导学生利用多媒体进行自主学习英语，有意识地培养学生与媒体的互动，那么学生的英语学习效果会有很大不同。学习兴趣是学生学习活动的重要动力，直接影响其学习行为。

四、人本主义理念下英语教学活动内容

（一）以知识灌输转向方法传授

在英语教学过程中学生主体地位的体现主要表现在对学生学习独立性的尊重，尤其是思维过程的独立性，也就是我们通常所说的独立思考。主体地位的体现是一个相对概念，它不是让学生绝对化地脱离教师的指导去单独完成学习、交际、用英语进行其他实践等活动。学生的独立完成是指在学习的过程中需要亲自去完成任务，而不是依靠别人去替代他，也没有人能够完全替代的一种特殊属性。教师的指导可以充分调动学生在学习英

语方面的主观积极性，以促使学生利用已经掌握的英语材料，从特定的语言环境中去认识和实践自己的英语能力，从而明白语音、语法、单词等具体的知识点，培养自己的听、说、读、写、翻译的能力，最终获得能够交际的能力。教师要在难度适当的原则下，教给学生学习的方法，使他们自己利用这些方法去理解课程内容，要知其然，还要知其所以然。课堂教学应该尽可能地杜绝教学过程由教师独揽，让学生被动接受的现象。

在具体教学过程中凡是教师需要安排经过准备的活动，且这种活动需要学生用口、用耳、用手，尤其是用脑而独自完成时，教师都需要为学生创造必要的条件，保证学生的学习时间与空间，引导学生主动投入到课堂教学活动中来，使学生在日常生活中尽可能地用英语进行交流，为学生设置交际情景，组织英语交流活动，最终促进学生的自主学习能力提高。主体性是个体在互动性活动中的地位问题，它是指一定条件下，个体对自身的主观活动能够有自主的支配以及控制的权利和能力。在高职英语的教学中，主体性更多地体现了英语学习的基本特性；在实践活动里，学生主体是有自主意识、拥有自由选择权利的，学生能控制好自己的情感、意志并能合理安排英语学习时间，能科学调整自己的学习策略，让英语学习向着有利于自身发展的方向前进，使自己成为学习的主人。同时，作为主体，参与学习活动的学生，要能够合理地支配自己，当自己的主人，这要求他们必须首先支配好自己，才能有能力去支配其他外界事物。在英语学习方面，只有让学生觉得自己的学习活动是自主的，自己是自己的主人，才能保持住其学习的热情和积极性。因此，在英语教学过程中需要保证学生的主体地位，教师将知识灌输转到方法的传授上来，是保证学生在英语学习过程中做自己的主人的前提条件。而学生能不能成为学习过程的主人，取决于学生在英语教学中能否掌握适当的学习方法。其主体性也只有在实际学习活动中才能够得到认可和展示。学生的主体性需要教师针对学生个性特征，灵活使用教学方法，提高学生的自主学习能力，引导他们做好课前预习、课后复习、课堂作业与家庭作业之间的相互衔接，使学生在掌握好学习方法后能够独立地进行语言学习及交流活动。

（二）从个人讲解转向共同参与

主体地位真正实现的关键在于学生能够在教学活动中主动参与到学习行动中来，通常我们可以看作是其主观能动性的发挥。在高职英语教学中，学生的主观能动性是指学生能够主动地、独立地、积极地参与到学习及认识英语的活动中来，从而让自己不断得到完善。这个理念需要教师引导学生，根据自身现有的英语能力水平，制定目标、计划、学习方案、组织管理以及调控自身的学习行为活动，并积极主动地参与到课堂教学活动中，这样就能按照自己的意愿进行英语学习。英语教学的共同参与理念，是在教师与学生的双边活动中形成的，它主要有两个方面的内容：一方面，学生能够对所学习的英语课程进行辨析，学生会被英语学习的动机、对英语的兴趣以及个人价值观念所推动和支配，我们可以将英语看作是学习的内驱力；另一方面，这种教学理念能对英语课堂进行一定的良性化制约，在教学过程中学生能够用自己已有的知识水平对教学过程做有效的控制，学生能利用自己的情感影响英语知识的接收，我们也可以将这个看成是认知力。具备内驱力与认知力的课堂一定会是高效率的，学生会主动地去学习、运用、用英语交际，让自己的综合能力更加完善。

要让学生能很好地参与进来，课堂教学的教师就需要有计划、善调控。要利用自己能使用的一切条件，按照高职英语课程的内容，创造课堂条件，确立自己的英语课教学目标。对英语的教学的效果做超前思考，让学生在英语学习的过程中不断参与到任何跟英语课堂相关的教学活动中来。因此，高职英语教学中除了强调学生要主动使用适宜的学习策略外，还要随着自身内驱力和认知力的提高不断以更高水平参与到学习活动中，成为教学活动的主体。教师指导学生共同参与英语教学过程的理念还要注意的是，在参与初期，英语教学仍然需要教师进行示范和监督，不能让学生被动依靠机械性的记忆去安排和调整自己的学习活动。让学生的外部推动转向内部自主，让英语成为自己的爱好而学习英语、提升自己的内部驱动力，最终的效果就是把学生的被动学习转化成主动学习。在自主参与理念的指导下，让学生自主能力的作用逐渐发挥。从最根本上来看语言的使用都是靠自己学会的，而不是其他人教会的，高职英语教学应该鼓励学生积极主动地参与到英语教学中来。

（三）从分数需求转向能力训练

英语教学最基本的属性是社会性。无论是在学习还是生活事务中，每个个体相互之间产生的关系基本上确定了主体的本质。这些社会关系通常体现在个体的思想情感，理想信念和心理感知上。学生也是社会大众的个体成员，只要在社会中生存就难免要与社会其他成员发生联系，从而组成了不同的社会关系。进行交际是人的本性使然，也是个体进入社会化，形成自我性格的重要方式。高职英语教学的主要目的是帮助学生能够用英语去建立一个属于自己的社会关系，在这个关系中学生是独立的具有自主性的个体。高职英语教学要建立这种社会性质的交往关系就需要广大教师在课堂内外改变单一追求分数的教学理念，要让学生参与体验及交往活动从而培养其能力，教师可以在教学前后在师生之间或者学生和学生之间建立一种交流合作机制，建造一个微观的社会环境，用以帮助学生高效率学习，从而使其真正掌握自己所学习的英语课程，并最终达到能应用英语的目的。明确的目标与学习动力之间存在着紧密的联系，甚至比其余的任何因素都对学生的成绩、个体的社会化及个人能力发展的影响更有效。因此，我们在强调学生主体地位的时候，就需要高职英语教师注重对学生英语实际运用能力的培养，不能只看重考试分数。

在高职英语的教学过程中，发展学生的主体性必须是从低级到高级、从量的变化到质的变化的不间断的发展变化过程。高职英语教师在课堂教学的过程中，应该特别注重对学生实际能力的培养，要主动地为学生建立适合其实践能力提高的交际情景，尽可能多地为他们提供信息，使其锻炼真正的英语应用能力。要让学生从依靠教师的灌输而得分的学习目的，转向独自地、自主地去学习、锻炼自己的应用能力。

五、人本主义理念下英语课堂教学发展建议

（一）重视学习，注重积累

教师通过学习积累，丰富自身知识结构，改变传统的教学观念。

第一，学习语言学理论与外语学习理论。教师应通过语言学理论和外语学习理论的学习，掌握语言学的规律，把握外语学习的几大理论知识，为自己科学的教学设计做好理论铺垫，同时以此来丰富自己的专业精神。

第二，注重外语理论与实践。教师应经常查阅报刊，掌握最先进的外语理论，扩大自己的国际视野，紧跟时代理论前沿，同时，将先进的外语理论与教学实践相结合，不断内化并提升，使之成为自己的财富。

第三，教育心理学理论与教学实践并重。因为教师面对的是学生，因此除了了解自己、提高自己之外，教师更多地需要以学生为本，学习教育心理学理论，为自己的实践奠定坚实的理论基础。同时，教师还应在实践中运用理论，加强理论的实践性，以此巩固自己对学生的把握，以便更好

地践行人本主义理念。

第四，对优秀外语教师的课堂教学进行观察和分析，分析他们的教学活动特点、知识经验结构特征、教学行为等内容。通过观摩，科学地分析，去粗取精，在自己的教学实践中灵活地选择运用，提高自己的课堂教学效果。

（二）善于反思总结

第一，对课前的准备进行反思。教师根据高职英语教学法知识、教育学知识、心理学知识等对所教授的对象、内容、目标以及所选择的教学方法进行反思，为以后的英语课堂总结经验，丰富理论和实践经验。

第二，对课堂的生成进行反思。依据课堂动态性的特点，教师应及时反思课堂教学中与教学设计差异的部分，并及时记录动态生成的过程，以此丰富课堂教学活动。

第三，对课后的成效进行反思。教师对整堂课的前后设计和实施进行整体反思，对自身的优缺点进行归纳总结，形成反思习惯，提高自身专业化水平。

（三）实现研究升华

第一，注重研究义务教育英语课程标准。教师通过对教学的研究，深刻把握大学阶段英语课程的目标和性质，这可为其正确理解教材，深刻把握教学内容，恰当实施教学行为提供了理论保障。

第二，注重研究学生的认知心理。教师通过对学生认知心理的研究，准确把握学生的认知特点，为教学活动的设计提供理论依据和可行性分析的材料。

第三，注重研究英语教学法。教师通过对英语教学法的研究，丰富自身的教学理论知识，为自身课堂教学行为提供理论指导。同时，教师还应不断提高自身的教学技能，为课堂教学行为的不断创新打下坚实的基础。

（四）实施互动引导

第一，注重教师与学生的有效互动。英语课堂上，教师要注重师生互动的有效性，减少形式上的互动，引导学生主动探索，对于学生的主动发问予以及时正面的反馈，鼓励学生主动发问。

第二，注重学生与媒体的有效互动。教师应该充分利用 e 时代的宝贵资源，将英语这门国际语言水到渠成地与媒体接轨，正确引导学生自主有效地进行网络学习。同时，教师应该有完善的课上课下相衔接的课堂体系，以真正促进学生与多媒体互动的有效性，使学生真正融入 e 时代，使其自主学习英语形成良性循环。

第六节　掌握学习理论与高职英语教学

什么是“掌握学习”？掌握学习理论的实质内容有哪些？关于这些问题，布卢姆在他的《人的特征与学校学习》《为改善学习而评价》等著作中都有系统的论述。所谓“掌握学习”，基本说来，它包括两个方面：一方面，它是关于教学和学习的一种古老的、乐观主义的哲学；另一方面，掌握学习是一套古老而又新颖的个别化教学思想和实践。可见，掌握学习理论也可以包括两层意思：第一，它是一种教与学的乐观主义理论；第二，它又是一套有效的个别化教学实践。

一、掌握学习理论的基本内容

（一）教和学的乐观主义理论

正如布卢姆所指出的“有些教师对学生抱有成见，认为大约三分之一的学生将完全学会所教的事物，另外三分之一的学生将学会所教的许多事物，但还算不上好学生，另外三分之一的学生将不及格或勉强及格。”布卢姆认为，这种已经固定化了的倾向是教育系统中的最浪费、最具破坏性的一面。在布卢姆看来，传统的学校教育中一直存在的这种学生观倾向于先天决定论，认为学生的学习能力主要是天生的、是先天智力的表现。这一点主要来自于差异心理学研究的成果。这一研究成果认为“人们的智力水平是呈正态分布的，即智力水平处于中间者较多，低于或高于中间者次之，天才和低能为极少数。这样一来，学生的学习成绩完全可以由智力测验和能力倾向测验来加以预测。

而布卢姆和其学生在进行了大量的实验和研究之后认为“学校学习中的许多个别差异是人为的、偶然的，而不是个体所固有的”。其主要结论是“只要提供适当的先前与现时的条件，几乎所有的人都能学会一个人在世界上所能学会的东西”。研究过程中他发现：学生的差异与学生学习能力的差异是不一样的，学生学习能力的差异只是表现为学习速度和学习时间上不同的差异，是可以改变的。当提供了有利的学习条件时，大多数学生在学习能力、学习速度和进一步学习的动机方面变得非常相似。进而，他认为："正态曲线并不是什么神圣的东西。他不过是最适用于偶然与随机活动的分布而已。教育是一种有目的的活动，我们力图使学生学会我们必须教授的事物。如果我们的教学是有效的话，成绩的分布应当与正态曲线很不相同。"

因此，布卢姆认为，"解决当今美国教育所面临问题的办法，不在于额外拨款、追求时髦或者对教育体制组织进行较大的、彻底的改变。就我所知，解决的办法在于改变我们对学习者及其学习的看法。"

（二）有效的个别化教学实践

布卢姆非常重视教育理论的教学实践化过程的努力，他把卡罗尔的学校学习模式改造成了一种掌握学习的应用模式。尽管在 20 世纪 70 年代以后，他把注意力转向了发展学校学习理论——掌握学习变量说，但他仍然没有停止过同他的学生们一起深入到课堂实践的研究，并且，他的学校学习理论——掌握学习理论的代表作《人类的特征与学校学习》也包含了大量的已有研究成果。可以说，布卢姆的这本著作正是他对相关课堂教学实践研究的最好总结。

因此，布卢姆的掌握学习理论是在其对现有课堂教学模式的多年研究中产生的，它既适合于传统群体教学的需要，又照顾到学生个体差异的需要。所以，它是一种有效的个别化教学实践。

布卢姆认为，掌握学习教学策略不是一种具体的教学方法，而是一种有效的教学策略。它能帮助学生学得好，并迅速充满自信。掌握学习理论的教学实践有不同的方式，其中一些实践采取群体教学为基础、教师掌握教学进度的形式。

其典型的模式是布卢姆、布洛克的掌握学习（Latent Factor Model，LFM）策略。其余一些实践采用个别教学为基础、学生掌握进度的形式。其典型的模式是凯勒（Keller）的"个别化教学制度"。

在布卢姆看来，掌握学习教学与其他个别化教学相同之处在于"掌握学习策略的两种形式假设——如果教师进行系统的教学，如果学生在学习中遇到困难时得到了帮助，如果给予学生充分的时间以达到掌握，如果对于什么构成掌握有了某种明确的准则的话，那么所有学生事实上都能掌握他们在学校所学的大量事物。然而，与其他个别化教学方法的区别之处是掌握学习的方法是在一般的课堂情境中应用的。

最根本的原因是布卢姆坚信，学生成绩差异日益增大标志了另外完全不同的某些东西，这主要是教师对学生学习上的困难没有采取任何措施的结果。症结所在就是我们必须转变对学生及其学习态度的看法。因此，在布卢姆看来，只要教师改变对学生的看法，只要教师对每个学生采取必要的、适当的帮助，即使是“差生”“学得慢的学生”也能像“优等生”“学得快的学生”一样很好地掌握所教的内容。

二、掌握学习理论引导下的英语教学

“掌握学习”理论同时将学生情感领域纳入研究范围，认为情感教育是促进学生认知发展的重要手段，教学活动并不是一个“纯认知”过程，人的心理活动具有整体性，认知过程与情感过程的产生与发展自始至终是互相交织、相辅相成的，它们是相互影响相互制约的。情感教育对教育教学活动的意义和作用主要表现在：

（1）影响学生对教学材料的选择。当学生的情感体验对象与教学材料一致时，学生就会以一种积极的态度参与到教学过程中去。

（2）影响教学活动的效率。以需要、动机、情感等为核心的情感因素，对教学活动具有增力或减力作用，情感教育的实施，会促进学生情感领域发生积极变化，从而促进教学效率的提高。

（3）影响教学成果的保持。情感教育的实施有益于新知识与学生原有智能结构形成牢固的联系，在一定的教育教学情境和积极心理状态下，知识在学生头脑中的印象深刻，也容易被回忆和再现。因此，高职英语教学不仅需要明确的认知教育目标，而且还应建立与认知目标相应的情感教育目标。

“掌握学习”理论将情感教育目标分为接受、反应、价值评价、价值组织和性格化五个层次。例如，“接受”指学生愿意注意特殊的现象或刺激，从教师方面看，其任务是指引和维持学生的注意；“反应”指学生主动参与，也就是教师所说的“兴趣”；“价值评价”与教师通常所说的“态度”和“欣赏”类似。

情感领域与认知领域的教育目标有着紧密的联系，正确认识两者的相互关系是有效实施情感教育的重要条件。“掌握学习”理论指出：

（1）情感行为与认知行为具有统一性。美国学者希尔勒说：“从认知的角度看，所有心理事实都是智慧的。从主观的角度看，全部心理事实都是感情的。”反映在教育目标上就是认知连续体低层次的目标，对应在情感统一体的较低层次上；情感连续体较高层次上的目标，对应在认知连续体的较高层次上。

（2）情感领域与认知领域的教育目标，可互为目的与手段，可以同时实现。比如，文学类和艺术类的课程教学大多是从认知角度入手，来达到审美教育的目的；但教师也可通过对学生学习兴趣和学习动机的激发和调动，去促进认知任务的完成等。

（3）情感教育具有对认知领域教育的依附性。情感教育过程一般不可能单独进行，其必须与认知领域的教学同时进行。情感教育不是一个独立的教学过程，在很大程度上它是认知领域教学过程的一个附属过程或伴随过程，没有认知领域的教学，情感领域的教学就无从谈起。

上述分析可以解释许多教学课堂无法达到预期效果的原因。例如，有些“课堂讨论”环节，学生参与的积极性不高，造成该现象的原因可能为学生的情感行为处于低层次，无法高效开展高层次的认知行为，或者也可能是因为学生的认知行为缺乏连续性，无法实现情感行为在层次上的对应提升。由此可见，高职英语“导入”环节应具备明确的情感教育目标，而该目标应与单元认知教育目标协调统一，循序渐进，共同实现。

第三章　高职英语教学发展的三个维度

第一节　高职英语教学的文化发展维度

实际上，学习语言的过程是学习者了解及掌握语言所蕴含的文化背景知识的过程，从这个角度来看，语言教学的重要内容之一就是文化教学。可以说，一个人运用语言的实际能力，直接受到他掌握该语言国家文化知识的熟练程度。由此可以看出，对教学进行改革，就要注重开展高职英语文化的教学，尤其应加大对学生交际文化素质的培养，从而使学生的能力达到社会的要求，在跨文化的交际中，能够顺利地、有效地、得体地进行沟通。

一、文化教学的内涵

要想使学生真正彻底地掌握一门语言，英语教师在教学改革的过程中，除了传授给学生最基础的语言技能、知识，还要想方设法地帮学生了解、熟悉、掌握语言背后所包含的文化知识。

文化教学指的是在语言教学过程中融入该语言国家的文化知识、文化背景等的教学方式。文化教学包括文化知识和文化理解两个方面，学习文化的开始是对文化知识的掌握，而促进语言交际成功的关键是对文化的理解。

一般来说，高职英语文化教学有两个层面内容，即非语言内容和语言内容。为了避免在实际交际中，学生因文化差异而出现语言障碍，教师要按照文化教学的教学原则开展英语文化教学活动，提升学生的语言运用能力，见表 3-1。

大量中外学者论述与研究了高职英语文化教学的内容，取得的研究成果，见表 3-2。

表 3-1　文化教学的原则

原则	含义
交际性原则	教师在实际教学中应该考虑到其“交际性”。对交际性原则的遵循，就是要求教师传授给学生的应该是那些易于理解和使用的并且有助于学生顺利进行交际的文化知识

续表

原则	含义
适度性原则	适度性原则是针对文化教学过程中运用的教学材料和教学方法来说的。教学方法的适度性是指教师应该创造机会来帮助学生进行探究，教学材料的适度性是指文化教学材料的选择要能够代表其语言国家的主流文化。适度性原则要求教师做到以下几点：把握住文化知识的针对性，避免占用过多的教学时数，把握好其教学时间；在实际的授课过程中，遇到文化障碍问题的时候，教师应该对遇到此障碍问题的文化背景进行介绍，并且为以后教学中遇到此类相同或者相似的障碍扫清道路
认知原则	主要包含两个层面：一是主要涉及英语社会和文化知识的培养；二是涉及识别力、观察力等某些特殊能力的培养。认知原则的着重点在于理解，而不在于行为表现。在英语语言中，很多习语、谚语、典故等来源于神话故事、圣经故事、文学故事等。如果学习者对这些故事不熟悉的话，就很难弄懂整句话的实际含义。而认知原则就是强调对目标与文化要了解和熟知。在高职英语文化教学中，教师应着重培养学生发现、分析、总结目标与文化的能力，并最大限度地让学生掌握西方文化的特征以及中西文化的差异。当然，教师也可以鼓励学生在授课之前尽可能地搜集一些关于文化背景的资料；或者在课堂之后写一些关于其文化的论文
实用性原则	在实际的文化教学中，教师首先应该对教学对象进行分析，对日常交际情况进行了解，其次选择恰当的文化教学内容进行课堂授课。简单来说，文化教学中要注重实用性原则。所谓实用性原则，就是主要教授的是一些与学生所学内容以及跨文化交际内容相关的文化知识。另外，文化教学的实用性原则还要求文化教学的内容要具有代表性，因此所选取的文化内容也是代表该国家的主流文化，而不必将该国家的文化介绍得面面俱到。英语教师恰当地运用实用性原则，能激发学生学习语言与文化的兴趣，有助于学生将课堂、课外学习的知识转化成一种语言技能，从而应用于文化交际中；能避免学生认为语言与文化的关系是抽象、空洞的关系
层次性、循序渐进性原则	高职英语文化教学有层次性、阶段性，这就需要在文化教学中应该遵循层次性、循序渐进性原则。教师应该根据学习者的实际语言水平、接受能力来确定教学内容。在难易程度上也应该具有层次性，即从简单到复杂、从浅显到深层、从具体到抽象
对比性原则	在高职英语文化教学中，教师应该遵循对比性原则，即引导学生将英语文化与本国文化进行对比，帮助学生发现、分析两国文化的差异。通过对比，学习者可以加深对不同文化概念的理解，避免在实际的交际中出现文化不当行为；可以避免将自己国家的文化带入英语国家文化情境中；可以避免出现种族主义；有助于不同阶层的学习者提高对文化的理解力。教师应该引导学生多搜集一些文化背景的资料，对中西文化的差异进行了解和对比，从而帮助学生积累丰富的文化知识

续表

原则	含义
交际性原则	教师在实际教学中应该考虑到其“交际性”。对交际性原则的遵循，就是要求教师传授给学生的应该是那些易于理解和使用的并且有助于学生顺利进行交际的文化知识
灵活性原则	在高职英语文化教学中，教师应该遵循灵活性原则，根据不同学生的情况，按照不同的教学要求，选择灵活的教学手段，这样可以极大地调动学生的兴趣和积极性。例如，教师采用的教学手段可以是角色扮演、文化专题讲座、小组讨论等。在高职英语教学中，教师可以将课内和课外相结合，在课堂内部内容丰富的前提下展开多样的课外活动。在这些实践活动中，学生可以掌握恰当的语法结构、语义结构以及如何在恰当的场合运用语言，同时也可以避免交际中的误会，增强两种文化的交融和理解

表 3-2　中外学者的研究成果

学者	研究成果
左焕琪	认为文化教学内容包括：重大的历史事件；地理概况；包括饮食、文体活动以及购物等在内的行为文化；涉及就业、工作场所的规章制度、婚姻情况、服饰文化等各阶级、阶层的社会生活特征；涉及政治、经济、教育、民族等基本特征；包含表情、手势等一些非语言特征；涉及文学艺术、建筑文化、音乐美术等建筑特征；以上各项与本国文化的差异性特征
弗莱斯	论述了文化对语言教学的作用，并且以语言教学作为出发点，提出将文化的内容加入到语言教学中。对于文化教学的内容，他着重强调了两个层面，即有关民族的文化以及生活情况。他认为这两个方面不应该仅仅是语言课堂上的附加成分，而应该是贯穿于语言学习的各个阶段，并且是不可或缺的组成部分
斯特恩	指出语言学习者需要学会以下文化教学的内容：微观层面（个体及生活方式）；宏观层面（民族和社会）；地理；历史；习俗、制度；音乐、艺术、文学及成就
拉多	明确指出语言是文化的一部分，因此教好语言的前提就需要掌握语言的文化背景，从而习得文化的规则与模式，从而保证能够正确、得体地进行交际。据文化教学目的的不同，拉多将文化教学分成初级意义单位、虚假定式、伟大成就三个层面的内容
查斯顿	主张从狭义层面的文化入手，然后逐步向广义文化扩展。为了讲授狭义层面文化的内容，他总结了多个主题，将其进行规划为以下几点：父母、青年、亲戚、朋友、交通、穿着、金钱、恋爱、婚姻、职业、教育、饮食、文娱、宗教、人口、环境、法律、报纸、度假、广告、政治、纪律、死亡等。这一概括的主题是相对全面的，基本上包含了人们生活中的所有内容

相对于西方文化所涉及的广泛的、多样的、复杂的内容，我国学生的精力与时间极其有限，这就要求英语教师在教学过程中，恰当取舍教学的内容，而不是包罗万象，什么都讲。在教学过程中，英语教师可以重点讲解英美国家相关的文化，而简要概述其他国家的文化，引导学生在英语文化的学习中抓住重点。

此外，英语教师应该教授那些相对容易掌握且实用性强的内容，使学生能够有效提升自身的英语表达能力和沟通能力，帮助英语学习者达到无障碍地与西方人交流的文化教学的目的。针对文化教学的内容进行了总结，见表 3-3。

表 3-3　文化教学的内容

文化教学分类	具体的文化教学内容
观念文化	（1）艺术，如美术、建筑、音乐等
	（2）宗教，如基督教、天主教等
	（3）地理历史，如英美地理、历史等
	（4）哲学，如哲学简介等
	（5）科学技术，如世界科学技术发展简史等
	（6）文学，如英国文学、美国文学等
	（7）价值体系，如英美价值体系等
制度文化	（1）政治制度，如英国政治制度、美国政治制度等
	（2）经济制度，如英国经济制度、美国经济制度等
	（3）法律制度，如英国法律制度、美国法律制度等
	（4）礼仪，如英国礼仪、美国礼仪等
	（5）生活习俗，如英国习俗、美国习俗等
物质文化	（1）饮食，如英国饮食简介、美国饮食简介等
	（2）服装，如英国服装流派、美国服装流派等
语言文化	（1）习语、谚语
	（2）英美词语内涵
	（3）语篇结构

二、文化教学的现状

随着我国不断加深与世界其他各国和地区的交流，人们越来越离不开跨文化交际，英语教师在高职英语教学过程中，也越来越关注文化教学。目前，我国大学的文化教学存在很多问题，下面逐一分析一下。

（一）文化教学的发展受到应试教育的阻碍

文化教学的发展受到应试教育的阻碍，主要原因是：大学阶段的四、六级考试和其他考试是将英语文化知识的考核抛之于外的。一般来说，这些考试忽视考核学生的文化知识，仅仅注重考核学生的语言知识。

（二）英语教师欠缺文化教学意识

作为文化教学的关键因素，教师应该学贯中西，具备丰厚的语言功底。虽然大多数英语教师都是毕业于英语专业，但是他们的文化教学意识仍旧非常薄弱，功底也不强。这其中主要包括以下两方面的原因：我国目前大多数英语教学接受的都是传统的、单纯的英语教育，因此教师的教学观念也是存在明显的偏差。在实际英语教学中，教师始终坚持培养学生纠正语言形式、运用语言形式，但是这种运用并没有强调其得体性，因为他们对英语文化知识的介绍寥寥无几；我国的绝大多数英语教师并不是母语学习者，缺少实际英语学习的大环境，自身对跨文化知识没有系统掌握。再加上他们忙于沉重的教学任务，也没有过多空闲的时间进行文化教学研究，教师本身就严重缺乏文化知识，只能选择对文化教学知识的放弃。

（三）文化教学内容的片面性较强

如今的确有英语教师在教学过程中引入了文化教学，但是很多时候，他们的教学内容具有较强的片面性。他们错误地认为文化教学的全部内容就是文化背景知识，但是其实文化教学往往涉及相当广泛的内容。同时，他们教学时通常采用灌输的方法，几乎从来不使用启发的方法，这样教学的效果可想而知。虽然在正常教学过程中，英语教师不可能详细讲解英语文化的所有内容，但是教师最起码要教会学生得体地在特定的文化情境中使用英语。

（四）学生的学习积极性不高

学生在传统教学过程中始终处于从属地位，英语教师占据着主导地位。习惯了灌输式的课堂教学方式后，学生几乎不会积极翻阅文化书籍，从而扩充文化知识。影响我国英语文化教学的重要因素就是学生不积极、不主动地学习，以及学生不善于获取与英语相关的文化知识。由此可见，改善课堂气氛、调动学习积极性，是有效开展文化教学的关键。

（五）受到教材内容的限制

目前，英语教学中的教材几乎都是科技性的、说明性的，所讲述的都是骨架式的知识，并不包含国家伦理、民族心理等与语言形式相关的文化角度的内容。这势必导致出现以下现象：教学过程中，在有限的教材中，学生对非语言形式的因素了解不足，忽视了文化因素的作用，不当地过分追求提高英语知识和书面语言能力。

三、文化教学的意义

英语教师在教学过程中坚持推广文化教学的重要意义，见表 3-4。

表 3-4　文化教学的意义

意义	阐释
文化教学是英语教学改革的需要	随着新课标在全国各地逐步展开，英语教学的教学目标、英语教学的教学理念以及英语教学的教学方法和评价方法都发生了非常大的变化。人们普遍意识到学习外语不仅是掌握语言的过程，也是接触和认识另一种文化的过程。文化因素始终隐含在外语学习的过程中，即使优秀的语言学习者，其交际能力可能因文化因素而受到限制，他们对周围世界的理解也可能因此而产生障碍。学习外语以及相关的外语文化，对我们从不同的角度观察和认识自我世界有很大帮助
文化教学是提高教师素质的需要	即使是再优秀的英语教师，为了能够教授学生得体地进行交际，都必须知晓文化背景，提高文化知识水平。这对所有的英语教师来说都是一种更高的要求，而且不是一件容易的事。英语教师应该对这一专题的专著和背景性的书籍进行阅读和理解。只有教师的文化知识水平提高了，才能有效地对学生进行文化教育
文化教学是人才培养的需要	从某种意义上来说，学习一种新的语言，就是掌握一种新的交际技能，了解一种新的民族文化。学生通过对中西方文化的对比和分析，能够较客观、全面地认识英语文化的要素，同时以新的洞察力审视和认识本国文化，进而在国际交往中做到知己知彼
文化教学是语言教学的一部分	语言是文化的一部分，是文化的载体，它有着丰富的文化内涵。如果只懂语言而不懂文化，就很难完全理解和正确使用所学的语言。所以，语言和文化是相互影响、相互作用的关系，是密不可分的
文化教学是促进国际交流和合作的需要	随着全球经济一体化的进程不断加快，文化领域也在不断进行交融。因此，提高学生的英语交际能力不仅是我国教育改革的需要，更重要的是国家经济发展的需要。因此，英语文化教学是贯穿其中的重要的一环，应该将语言、文化、社会在教材、教学大纲、课堂教学、测试中全面反映出来

四、文化教学的实施方法

在教学过程中，英语教师可以灵活使用不同的办法应对教学改革，更好地解决文化教学中的种种问题。

（一）文化旁白法

作为较为简单的形式，文化旁白法是一种重要的传授社会文化知识的方法。它指的是英语教师在语言教学的过程中，在进行的听与读的内容中，见缝插针地传授一些文化知识。在讲解高职英语课文时，为了使学生更容易理解，英语教师可以穿插讲解课文所涉及的文化背景，如内容背景、时代背景、作者背景等。

（二）直接导入法

在课堂教学过程中，英语教师可以直接介绍文化知识。为了保证教学顺利进行，调节课堂气氛，调动学生的求知欲与积极性，备课时教师可以多多准备相关的语言文化背景知识，上课时结合文化背景，完成教材内容的讲解。

（三）课外学习法

课堂教学时间毕竟是有限的，学生学到的文化知识也是很有限的，而课外时间相对充足，为了拓展学生自身与英语相关的文化知识，英语教师可以使用课外学习法，即引导学生开展丰富多彩的课外文化活动。

（四）对比分析法

对比分析法对培养学生文化知识的效果最好，它更能帮助学生克服学习的心理障碍。为了使学生更容易理解与掌握不同文化系统中的文化规约和行为规约，在文化教学过程中，英语教师可以对比本土文化与别国文化。对两种文化的相同点，很容易实现正迁移，学生很容易理解和掌握；对不同点，不能仅仅对比表层形式，既要进行语言对比，又要进行非语言对比，避免出现负迁移的情况。在对比过程中，教师应当引导学生正确认识、处理不同文化的关系，不产生偏见的心理。

（五）借助媒体法

学生可以借助人们日常生活中常用的电脑、电影、电视等媒体，更多地了解、熟悉、掌握不同国家、不同地区、不同阶层的社会生活、风土人情、日常用语、语言特色、风俗习惯、常用的非语言手段等。一般来说，媒体上会出现一些外国人常用的表情、手势等，这些都是难得的丰富素材。为了更直观、更直接，可以学生播放介绍西方文化的纪录片。

（六）讨论法

在课堂教学过程中，英语教师可以把学生分为若干小组，对与英语相关的文化知识开展集体讨论或小组讨论。在简短介绍学生接触到的文化内容以后，学生可以以组为单位对比、分析、讨论，从而发现英美文化中的一些特征，真正提高对英美文化的敏感性，取得较好的教学效果。

第二节　高职英语教学的情感发展维度

情感体验主要有两种：一种是消极情感体验，它妨碍个人的身心活动；另一种是积极情感体验，它促进个人的身心活动。因此，为了取得较好的教学效果，英语教师在教学过程中，应当注意观察学生的情感因素，努力为其提供良好的、积极的情感体验。

一、情感的功能

学生的学习行为与教师的教学效果很容易受到情感的影响。为了取得较好的教学效果，必须了解情感的功能，见表 3-5。

表 3-5　情感的功能

功能	含义
动力性功能	动力性功能是指学生的非智力因素，它与操作系统是相对的。这种动力系统发挥的作用会严重影响着教学效果。动力系统发挥的作用大，则学生学习的效率就会很高，因此收到的教学效果就会非常好；而动力系统发挥的作用小，则学生学习的效率就会很低下，因此收到的教学效果就会非常差
迁移性功能	迁移性功能就是学生对教师情感的共鸣迁移到所教授的学科之上，即教师的行为举止已经深深影响了学生对这门功课的关注程度
感染性功能	感染性功能就是用教师的情感状态来感化学生。教师在课堂之上流露出真实的情感，如控制话语的节奏和语调、教师的表情更加温和，这就会让学生产生共鸣，从而使学生更加专注于学习
调节性功能	调节性功能是指教师可以调节学生的自信心、焦虑、厌恶以及兴趣等情感因素。通过提高学生的自信和兴趣、缓解焦虑和厌恶情绪，可以改变学生学习的节奏，从而延缓学生的疲劳状态

续表

功能	含义
激发性功能	激发性功能是指积极的情感能够激发学生智力的一种功能，这种功能能够提高学生自身的智力水平，促进智力的超常发挥

二、情感教学的基本原则

情感教学本质是为了促进学生的全面发展，英语教师应以对学生个体特征尊重为前提，使用特定的教学方法或教学手段，尽量对学生的情感需要予以满足。英语情感教学认为学生的情感需求对于学习英语至关重要。教师应该了解学生的情感需求，并提供相应的支持和帮助。我们都知道，在课堂上，情感不是直接学习的内容，然而它会对学习效果产生间接影响。因此，在教学过程中，为了更好地指导教学实践活动，教师应该了解并努力遵守的情感教学的基本原则，见表 3-6。

表 3-6　情感教学的基本原则

原则	简介
寓教于乐原则	寓教于乐原则主要是让教学活动在学生快乐的情绪下进行，教师在教学活动中要能够预测和把握好一切的变量，激发出学生的学习兴趣和积极性，使学生乐于接受、乐于学习。在这一原则的贯彻过程中，教师不能整节课都是处于调节情绪上，应当把调节情绪作为教学活动的一个突破口，使学生的学习状态达到最佳的层次，同时也保证课堂活动的正常进行
移情原则	英语教师在教学过程中可以使用移情原则，主要包含两个方面：一方面是教师的个人情感影响学生情感，这里面的情感包含教师水平、道德品质、人格魅力等；另一方面是文章的人物情感影响学生情感。在这一原则的贯彻过程中，教师应该引导学生体会作者的写作情感和意图，让学生在实际的学习中陶冶情感
情感交融原则	情感交融原则是指师生之间的情感，这种情感的优劣影响到学生的情感反应，和谐的师生关系有助于学生的学习积极性以及教学效果的优化。众所周知，教学活动是在教师和学生二者之间进行的，属于一项传递师生之间情感的特殊交流活动。因此，这一原则在教学活动中必须遵守
以情施教原则	教师在授课的时候应该引入积极的情感，使情感和知识融合为一体。在这一原则的贯彻过程中，教师首先要控制好自己的情感，将自己置于积极的情感之上，只有教师自身的情感积极性强才能带动学生的情感积极性。此外，这一原则也可以应用于处理实际的教学内容

三、情感教学的意义

合理运用情感教学，有助于融洽师生关系，达到教学目标，完成教学任务。情感教学突出了学生的主体作用，具体来说，主要有以下意义：能开发学生的潜能；能提高学生的综合素质；能培养学生的自信心；能激励学生的活动；能融洽师生关系；能培养学生的高尚情操；能培养学生的创造性；能培养学生的意志力。情感教学在教育领域有着重要的意义。

提高学生的学习效果。情感教学关注学生的情感需求和情绪变化，通过积极调动和利用学生的情感因素，能够提高学生的学习动力和兴趣，进而提高学生的学习效果。

促进学生的身心健康。情感教学注重学生的情感教育和心理疏导，能够帮助学生更好地处理情绪和压力，增强学生的心理韧性和社会适应能力，有助于学生的身心健康。

培养学生的情感认知和情绪管理能力。情感教学通过引导学生积极思考和自我认知，能够培养学生的情感认知和情绪管理能力，有助于学生更好地应对未来的生活和职业发展。

营造良好的师生关系和教学氛围。情感教学强调教师的情感投入和关注学生的情感需求，能够营造良好的师生关系和教学氛围，增强学生与教师之间的互动和沟通。

推动教育的个性化和多样化。情感教学注重学生的个性差异和文化差异，能够推动教育的个性化和多样化，使每个学生都能得到适合自己的教育。

总之，情感教学在教育领域具有非常重要的意义，不仅能够提高学生的学习效果和身心健康，而且还能够培养学生的情感认知和情绪管理能力，促进教育的个性化和多样化。教师在教学过程中应该注重情感教育的运用，关注学生的情感需求和情绪变化，营造良好的教学氛围和师生关系，为学生的全面发展提供有力的支持。

四、情感教学的影响因素

情感教学的影响因素主要包括学生个体自身的情感因素、教师的情感因素、教材的情感因素和教学环境中的情感因素。

学生个体自身的情感因素包括动机因素和人格因素，如学习动机的强弱、学习自信心的有无等，都会对情感教学产生影响。教师的情感因素包括教师的人格特质、教师对学生的态度、教师在教学过程中的情感投入、教学风格等，这些都会影响学生的情感体验和学习效果。教材的情感因素主要是教材反映客观事实、反映人类实践活动的内容，以及教材的呈现方式等，都会影响学生的情感体验和学习效果。教学环境中的情感因素包括物质环境、心理环境，如教室的布置、温度、光线等，以及班级的学习氛围、师生关系等，都会对情感教学产生影响。

在情感教学过程中，教师需要关注学生的情感变化，及时调整教学策略，营造良好的学习氛围和师生关系，以提高学生的学习效果和情感认知。同时，教师还需要注重自身的情感投入，以积极的态度和情绪感染学生，引导学生积极思考和自我认知，从而促进学生的全面发展。

五、情感教学的实施办法

在教学过程中，英语教师可以通过使用如下几种办法进行情感教学。

（一）建立良好的师生关系

教师可以从以下三个方面着手，建立良好的师生关系。

1．完善自身个性

具备完善的内在人格魅力，教师才能与学生的关系更加融洽，教学才能顺利实施，获得较好的学习效果。教师应该不断完善个性，克服缺点，拥有幽默、负责宽容等优秀品质。

2．真诚爱护所有学生

不论是教学层面，还是道德层面，英语教师都应当有真诚的品质。对每一名学生，英语教师都要真诚、公平地对待，用心交流，不分优劣。另外，英语教师要特别鼓励与关怀较困难的学生，要相信他们、帮助他们，尽量不指责和批评他们，不打击他们学习的积极性、主动性。

3．展现教学的魅力

为了集中学生学习的注意力，快速激发学生的学习兴趣，使教学活动充满情趣与动力，英语教师应当尽量在学生面前展现出教学的魅力。展现教学的魅力是英语教师的一个重要目标。以下是一些方法，可以帮助英语教师展现教学的魅力：建立积极、互动的课堂氛围，让学生感到轻松、舒适和安全，从而能够更好地学习和表达自己。采用多样化的教学方式，如游戏化、故事化、互动式等，激发学生的兴趣和动力，让他们更加积极地参与到课堂中。英语教师需要用英语进行交流，同时注重学生的口语表达和听力理解，通过不断的实践和交流，提高学生的英语语言能力。英语教师需要注重培养学生的文化意识，让他们了解英语国家的文化、历史和传统，从而更好地理解和使用英语语言。英语教师需要关注学生的个体差异，了解每名学生的特点和需求，提供个性化的教学和辅导，让每名学生都能够得到适合自己的教育。英语教师需要与学生建立良好的师生关系，尊重、信任和理解学生，从而更好地激发学生的潜能和学习兴趣。

展现教学的魅力需要英语教师具备扎实的教学技能和专业知识，同时注重情感教育、文化意识和个性化教学等方面，为学生提供更加优质的体验。

（二）帮学生克服焦虑情绪

在整个学习过程中，学生的焦虑情绪时常出现，严重的焦虑情绪，甚至可能引发紧张或害怕情绪。因此，为了帮学生克服不恰当的焦虑情绪，教师应做到下几点：

（1）为了使学习困难的学生积极参与学习，英语教师可以组建多个学习小组，并给予适时、恰当的指导。

（2）英语教师应当善于发现每个学生的优点，并将其树立为先进典型、榜样，让其他同学效仿、学习，从而为所有学生创造良好的学习氛围。

（3）对于学习困难的学生的提高要有所期待。

（4）通过关爱、呵护每名学生来保护他们的自尊。

（5）学会帮助学生分析错误并加以指正，而不是大声训斥。

（6）适当降低要求，对学生获得的进步多加鼓励，使其树立信心，不断取得更大的进步。

（7）对学习困难的学生，英语教师要多沟通交流，帮助他们找出学习薄弱环节和弱点，找到适合自己的学习方法，鼓励他们迎难而上。

（三）加强学生认知，激发学生积极性

现阶段，全国各大学校普遍都在开展高职英语改革，都在要求学生主动构建知识，参与课堂活动，因此学生必须充分发挥积极性和主观能动性，通过自身积极调整而更加适应社会发展的需要，不能像以前那样被动地、填鸭式地接受知识。这就要求英语教师在教学过程中，具体问题具体分析，例如：若学生发音不准确，为了帮助纠音，教师可以在课余时安排学生开展语音训练活动；若学生不熟悉语法知识，为了让其在实际的应用中了解语法，英语教师可以安排学生阅读课外读物，对于不

明白最基础的语法知识的学生，教师甚至可以单独进行辅导、讲解，直至其完全明白。

第三节　高职英语教学的学习发展维度

以前的教学模式下，英语学习者学到了“哑巴英语”，无法掌握基本的听、说、读、写技能，达不到当今时代的要求。在高职英语教学改革的大背景下，高职英语教学都开始强调对学生语言综合运用能力的培养，这就势必要求学生改变英语学习方式，被动地接受知识，而是积极主动地学习，在学习中占主体地位。

一、探究学习

20 世纪 50 年代，美国教育学家施瓦布提出探究学习：在教师的指导下，学生处于学习主导地位，积极探索，主动学习。施瓦布认为，探究学习是学习者自主获得知识的过程，目的是掌握研究所需要的探究能力。当然探究学习需要教师的辅导，学生不能漫无目的地自由学习。

（一）探究学习的特征

探究学习的特征主要有四个，即主体性、真实性、发展性、问题性。见表 3-7。

表 3-7　探究学习的特征

特征	含义
主体性	探究学习主张学生不断挖掘自己的内在潜能，只要智力正常，都可以通过学习提高自己的创新能力。探究学习常常是多人参加的过程，这既是探究学习本身所要求的，也是为了适应学习型社会。它注重个体体验，将知识的学习看成是认识、情感和人格的综合结果。学生在这种学习活动中都能获得一种主人翁的感受，学生不是被动地接受教师传递的知识，而是自己控制探究学习的进度。学生也不把教师分配的任务看作一种外来压力，而是看成自己学习的契机。它鼓励学生充分发挥自己的主观能动性、积极参与探究活动，形成多方面的学习交流，从而创造一种开放、民主的学习氛围
真实性	英语学习具有真实性特点，因为英语学科的内容大都来自日常生活，与学生的真实生活较为贴近。探究学习的真实性不仅体现在内容上，还体现在过程上。在探究学习中，学生将自己的知识、情绪、态度和兴趣等真实地表现出来，对学习中出现的真实问题进行信息加工

续表

特征	含义
发展性	探究学习具有发展性特征，主要有两个原因：其一，探究学习的评价采取类似于纵向评价的方式，鼓励学生不断超越之前的自我而获得新的发展。学生通过不断进步而拥有越来越多的自信，也就能迎来新的成功，进而提高了内在驱动力。其二，探究学习是在活动的模式下进行的，而活动的这种开放性让学生可以充分发挥自由的权利，表现学习的主体性，从而促进个体发展
问题性	探究学习就是一种发现问题、提出问题进而解决问题的过程，这也是一条通往创新能力提升的道路。人类的进步和社会的发展正是由问题开始的。问题和学习是相辅相成的关系，问题越多，产生的学习活动就越多；产生的学习活动一旦多起来，问题也会自然而然多起来。也就是知识越多，越能发现问题的原因。问题是学习的线索，由问题入手，才会激发学生的好奇心，才会有深刻而全面的思考

（二）探究学习的步骤

探究学习的步骤主要是明确任务→分配工作→教师指导→汇报结果→科学评价。

1．明确任务

在学习之前，为了使学生完全理解要求，英语教师应当明白清楚地告诉学生学习重点、学习目标。

2．分配工作

明确任务以后，教师就可以分配工作了。首先，教师要将全体学生分为若干小组。其次，分别指定小组长、记录员、汇报员，其工作任务，见表 3-8。

表 3-8　小组长、记录员、汇报员的工作任务

职务	任务
小组长	要求有领导才能，能带领全组学生有条理地展开交流，进行探究学习
记录员	负责记录本次探究学习的重要内容
汇报员	将探究学习的情况概括地向全班交代清楚

3．教师指导

开展探究学习，教师必须全程进行指导，在整个活动中起到导航、指路的作用，同时也应该给学生清楚描述学习的整个过程。需要特别留意的是，学生始终是学习的主体；在整个学习过程中，教师不能代替学生去做，而应该处于从属地位，在每个阶段都要给予学生建设性的意见，辅

助、指导他们顺利地完成学习。

4. 汇报结果

探究学习快要结束时，学生必须反思整个学习过程，总结不足之处和做得好的地方，然后还要与和全班同学分享学习成果。可以通过抽签的形式决定汇报的顺序。汇报结果有两个好处，一是锻炼学生的语言表达能力，二是其他学生极有可能从汇报中注意易犯的错误并学到一些成功经验。

5. 科学评价

进行探究学习，英语教师应该掌握可靠的、科学的评价体系。学习评价是有关教师的教学质量以及学生学习成果等的信息。在探究学习中，根据评价结果，学生可以不断调整学习过程，达到理想的学习效果。

英语教师应当根据学习目的确定评价标准，灵活选择评价主体、评价方式和评价手段。为了帮助学生更全面、更真实地认识探究学习，不断改变学习方法、改进学习态度等，英语教师应当结合学生互评、自我评价、定量评价、定性评价等，适当表扬做得好的学生，给予各种正面的强化措施。

（1）评价主体。有多元的评价主体，评价才能取得良好的效果。可以是自我进行评价、教师对学生进行评价；也可以是师生之间、生生之间相互评价。当然，还可以邀请社区人士和家长进行评价。需要注意的是，评价结果要有秘密性，以维护大学生较强的自尊心和自我意识。

（2）评价方法。方法很多，如测验法、问卷法、观察法、访谈法。测验法主要涉及题目的选择，要选择生活化、难度适中的题目；使用问卷法时，可不设置唯一答案而采取开放性答案；使用观察法时，必须做好观察记录，尤其是重要细节不能遗漏；使用访谈法时，就要事先准备访谈提纲并且让每组学生回答的问题相同。

（3）评价方式。最完善的评价方式应该是将过程性评价和形成性评价相结合。相对于量化评价（以简单的数字为呈现形式），一般表现为文字性描述的质性评价，更能传达出优劣等信息。探究学习时进行形成性评价（也叫过程性评价），能够及时在学习过程中发现问题，从而进行适当的改进、调整。

（4）评价目的。评价目的是将评价作为学习的一种鞭策手段，不应该是根据成绩好坏将学生分类、分等级。不能使学生因评价结果不好而出现长时间的情绪低落。

二、合作学习

作为群体共同学习的方式，合作学习有时比个人独自学习更有效，它体现的是学习领域中的团体精神。目前进行的高职英语教学改革，非常注重对广大学生英语交际应用能力的改善、提高和培养，开展小组成员之间配合、交流的合作学习，就显得非常合情又合理了。

（一）合作学习的理论基础

合作学习是以小组为基本形式的一种教学活动，通过小组内成员的互动与合作，实现共同的学习目标。合作学习强调分工合作，小组成员有各自明确的责任和角色，通过相互协作，互相帮助，共同提高。合作学习是一种以目标为导向的活动，目标设定明确，通过小组成员的努力和合作，实现共同的期望。合作学习的奖励机制以小组总体成绩为依据，鼓励小组成员间的互相支持和协作，避免个人英雄主义的行为。合作学习有利于促进学生认知、情感和技能的发展。在合作学习中，学生通过与他人的交流和合作，增强了对知识的理解和掌握，培养了团队合作和沟通的能力，同时也提高了学生的自尊和自信心。

综上所述，合作学习理论强调学生之间的互动与合作，以小组为单位开展教学活动，注重目标的导向和奖励机制的引导，旨在促进学生全面发展和提高教育质量。合作学习的理论基础主要是选择理论和动力理论，见表 3-9。

表 3-9　合作学习的理论基础

理论	简介
选择理论	选择理论由美国心理学家威廉·哥拉斯创造。他认为人的一生有多种需要，如合作的需要、归属的需要、与人分享的需要、爱的需要以及关心他人的需要，人们会尽量去满足它们。而合作学习正好满足了这些需要，因为成功的合作学习某种程度上会使人获得归属感、爱以及分享的喜悦。需要的满足才能带来幸福的、有质量的生活
动力理论	动力理论由格式塔心理学提出。合作小组的统一目标能够带给组员一定的学习动力。组员之间的学习行为是相互影响的，主要表现在组员的努力程度和学习状态受其他组员的影响，因此只有每个成员都将自己的能力和努力发挥到最大程度，才能最大程度地实现学习目标。组员的利益是连在一起的，并且组间的竞争也有利于组员提高为共同利益而奋斗、对抗竞争对手的意识

（二）合作学习的基本要素

合作学习的基本要素主要有如下三个。

1. 组员间的人际交往技能

要求组员之间彼此信任、积极沟通以及正确地处理冲突，从而形成良好的小组氛围。良好的小组氛围会影响学习目标的实现。

2. 相互支持

为了最大化整个小组的利益，在资源、心理等层面，所有组员必须相互支持，因为组员的利益都是密切相关的，每个成员的影响都不可忽视，一荣俱荣、一损俱损的情况会经常发生。

3. 小组活动

没有小组活动就没有合作学习。小组活动应当有明确的活动目标、活动任务、活动分工、活动时间，以及详尽的、真实的活动反馈。

（三）合作学习的效益

合作学习有利于学习者维持健康的心理、形成积极的人际关系、发展批判性思维。

1. 有利于学习者维持健康的心理

合作学习能够维持人们健康的心理，从而提升幸福感、增强人体免疫力。良好有效的合作学习不仅可以使成员形成较高的自尊心，而且可以提高成员对所处情景和其他成员情绪的观察力与敏感度。自尊心、观察力和合作精神在相互联系的社会网络中，一直都是人们维持自身心理健康的重要因素。

2. 有利于学习者形成积极的人际关系

人际关系与学习效果之间的关系是相辅相成的，存在效果良好的合作学习，就必然存在正面的、积极的人际关系；反过来，积极的、正面的人际关系也必然会使学习效果正当、良好。为了获得理想的学习效果，小组成员必须努力做到以下几点：为使成员在未来做得更好，相互评价时，应积极反馈；为拉近彼此关系，有分歧时，各成员要能接受质疑，平等地、和气地沟通、讨论；被鼓励、被尊重能增强学习欲望，所以成员之间要相互激励；要减少心理防御，增强信任感，以便高效合作。

3．有利于学习者发展批判性思维

批判性思维的主要特点是分析性与开放性，合作学习中的讨论、互动等鼓励学生开放性地表达不同思路、不同观点，以便成员一起分析思考。有大量数据表明，相对于学习内容，正确的学习方法尤其是合作学习的小组讨论更能促进学习者发展批判性思维。

三、自主学习

目前知识更新的速度越来越快，为了不被社会淘汰，人们不得不开发自己的学习潜能，提高自己的学习能力，也越来越重视终身学习。要做到终身学习，独立自主的学习能力是不可或缺的。实际上，外语教学的目的就是培养学生自主学习的能力。

自主学习的本质：一是预想、规划、组织整个学习活动；二是控制、监视学习过程；三是在学习过程中自我评价、自我检查，然后根据各种反馈信息对学习活动进行适当调节。

（一）自主学习的理论基础

自主学习是与传统的接受学习相对应的一种现代化学习方式。它以学习者作为学习的主体，通过学习者独立分析、探索、实践、质疑、创造等方法来实现学习目标。这种学习方式强调学习者在学习过程中的自主性、能动性和自我调控，充分体现了学习者的主体作用。由于自主学习有稳固的理论基础（表 3-10），国内外的教育专家大力提倡这种学习方法。

表 3-10　自主学习的理论基础

理论	简介
人本主义学习理论	人本主义学习理论是以人本主义心理学为基础，其代表人物是马斯洛和罗杰斯。人本主义学习理论认为学习不仅是认知的学习，而且是经验的学习；认知学习是无意义学习，经验学习是有意义学习；学习最终导致个体在智力、情感、态度、人格和行为等方面发生稳定的变化。总之，人本主义学习理论包括三点：①学习是在无威胁的环境中进行的，教师应尽量给学生创设舒适轻松的环境；②学习是自我管理、无教师指导的，即自己发现、自己理解并且自己评价；③学习是个体的全身心的投入，重视知识和情感的作用

续表

理论	简介
建构主义学习理论	建构主义学习理论认为，知识并不是对客观世界的绝对客观的反映，它只是人们对世界的看法和理解，是相对可信但不是永恒不变的真理，因此知识会随着社会文明的进步有所调整；学习是学习者在新信息的刺激下，对已有知识的重组和调整，以及对新知识形成有意义的解释和理解，从而建构新的知识结构
认知学习理论	现代认知学习理论包括加涅的信息加工说、奥苏贝尔的认知同化说以及布鲁纳的认知发现说。信息加工说指出，学习就是对知识进行编码加工的过程。认知同化说提出，已有的认知结构对于新知识的学习是一种充分条件，学习就是将新旧知识建立联系的同化过程。认知发现说主张学习每门学科的内在结构，并且这种学习需要经历获得、转化和评价三个阶段；它同时强调利用头脑中的已有经验主动学习新的结构性知识
社会语言学	20 世纪 60 年代，美国兴起社会语言学院，它包括两个领域：社会领域和语言领域。海姆斯认为社会语言学的研究目标既有社会的又有语言的，它是探讨语言在社会范围中的广泛使用的理论。杨永林则认为，社会语言学包括语言结构和社会语境这两个研究问题，主要探讨语言和社会之间的关系，也就是将语言结构放到社会这个背景下去分析研究

（二）自主学习的特征

自主学习的特征主要有三个，即：自主监控、自主计划、自主评价。见表 3-11。

表 3-11　自主学习的特征

特征	含义
自主监控	简单来讲，自主监控就是对整个学习过程的检查、调整和确认。这既包括监控自己听到的、看到的、理解到的知识信息，也包括对学习方法、计划、策略的监控。对学习方法和策略的监控就涉及方法、策略的选择是否恰当；对学习计划的监控是指监控计划的科学性以及时间分配的合理性
自主计划	在学习之前发生的，为接下来的学习活动所做的准备工作就是自主计划。在这个阶段，学习者需要了解学习内容，选择学习策略。具体来讲，自主计划包括自我管理、集中注意、先行组织、选择注意。自我管理是创造条件促使学习任务的完成；集中注意是指始终将注意力集中在所要学习的资料上；先行组织就是在自己原有知识的基础上预习即将要学习的新资料，了解大意和相关概念；选择注意就是注意学习过程中的特定方面而忽视其他方面
自主评价	自主评价有利于学习者反思学习过程中遇到的问题，总结经验教训，以便对下一次的学习进行指导。发生在学习活动最后阶段的自主评价，是对自己学习任务的完成情况进行的分析、判断。它包括对计划和时间分配的合理性、知识信息的获得、策略的运用等进行评价

（三）自主学习能力的影响因素

自主学习能力的影响因素主要有如下五个，即：学习动机、社会环境、归因、自我效能感、学习策略。

1．学习动机

学习动机越强，学生就越能进行高效的自主学习，由此可以看出，自主学习与学习动机是高度正相关的。学习动机具有隐蔽性，无法直接观察到（只能通过学习的外在表现如学习时间、学习态度等进行大致推断），是一种内在心理过程。学习动机分为与成就感、倾向、爱好等有关的内部动机，以及与学习行为能否满足外在要求有联系的外部动机。不管怎样，学习动机都能为学生自主学习提供方向与动力。

2．社会环境

自主学习的外在影响因素主要是同伴与教师，它们构成了影响自主学习的社会环境。

通常来说，个体与他人之间越团结友好，关系越亲近，氛围越轻松，就越有可能在互助的基础上，快速提高自主学习能力。

学生的自主学习会受到教师的指导方式、教学模式等的影响。一般来说，若教师所采用的教学模式以学生为中心，则能激发学生的主动性，快速提高其自主学习能力；若教师所采取的管理模式是自由的、民主的，也有助于提高其自主学习能力；若在学习过程中，教师能够适时、恰当地给学生技术上、心理上全方位的指导，而不是盲目地、处处时时地控制干预，学生的身心就会非常健康，学习的动力就会充足，非常有利于自主学习能力的提高。

3．归因

归因是个体对自己成败的原因解释。把学业失败归因于内在稳定的因素，学生就非常有可能不再积极地进行自主学习；而归因于可控因素，学生就非常有可能积极寻求出路，积极进行自主学习。归因方式对自主学习有着不可忽略的影响。美国心理学家韦纳（Weiner）认为成败的原因有六种，分别是：能力、努力、任务难度、运气、身心状况、其主人或事的影响。韦纳进而从三个维度对这六个因素进行了划分：内部与外部、稳定与不稳定、可控与不可控。其中，能力和任务难度是稳定的，努力是可控的。

4．自我效能感

个体对圆满完成某目标的自信程度就是自我效能感。自我效能感从如下方面影响学生的自主学习能力：一是影响学生学习目标的制订。自我效能感与学习目标的选择是正相关的。二是影响学生选择学习策略。三是影响学生选择学习任务。四是影响学生对困难耐受力。学生要想直接面对困难并坚持适应困难，就需要具备较强的自我效能感。

5．学习策略

学习策略指的是学生为了实现学习目的，在教师的指导下，采用的特定的学习手段与学习规则。在学习过程中，良好的学习策略能够减少学生不知所措的感觉，降低学生学习的挫折感，使其保持高涨的学习热情，不断提高学习效率。

第四章　基于信息化视角的英语教学发展

第一节　信息技术与现代英语教育教学

一、信息技术及其发展趋向

信息技术（Information Technology，IT）是人们在管理信息时所采用的各种技术的总称，也常被称为信息和通信技术（Information and Comm-unication Technology，ICT）。

当今的信息技术在某些方面已经超过了人脑在信息处理方面的能力，如记忆能力、计算能力等。但在许多方面，却仍然逊色于人脑，如文字识别、语音识别、模糊判断、模糊推理等。尤其重要的是，人脑可以通过自我学习、自我组织、自我适应来不断提高信息处理的能力，而存储程序式计算机的所有能力都是人们通过编制程序赋予给它的，与人脑相比是机械的、死板的和无法自我提高的。

人们从多年以前就开始研究智能理论与技术，探索人脑信息处理的机制，以便用机器更好地模拟人脑的功能。通过努力，智能理论与技术已经取得了很大进展。

（一）信息技术的分类

对信息技术进行分类，亦即根据需要从不同的角度来对信息、技术所包含的基本内容进行划分。常见的划分标准有以下几种：

（1）根据信息技术是否有实物的表示形式。信息技术可以分成“硬”信息技术和“软”信息技术两大类。“硬”信息技术如同计算机硬件一样，是已经转化成具体信息设备的信息技术，如复印机、电话机、数码相机、电子计算机和通信卫星等；“软”信息技术类似计算机软件，是人类在长期信息活动中积累形成的有关信息采集、处理、检索等方面的经验、知识、方法与技能，如语言、文字、信息调查技术、信息组织技术、统计技术、预测与决策技术和信息标准化技术等。

（2）根据信息技术组成的基本元素。信息技术分为感测技术、通信技术、智能技术及控制技术。感测技术：包括传感技术和测量技术，它是人类感觉器官功能的延伸，使人们可以更好地从外部世界提取有用的信息。通信技术：包括信息的空间传递和时间传递技术，它是人类传导神经系统传递功能的延伸。智能技术：包括计算机硬件技术、软件技术、人工智能技术和人工神经网络技术等，它是人类思维器官功能的延伸，其目的是更好地处理和再生信息。控制技术：包括调节技术和自动控制技术，其功能是根据输入的指令信息对外部事物的运动状态和运动方式实施干预，以便更好地应用信息，是人类效应器官功能的扩展和延长。

（3）根据一定的次序划定的等级。信息技术又可分为主体信息技术和应用信息技术。主体信息技术是按照技术的功能区分出来的信息技术，包括感测技术、通信技术、计算机技术和控制技术等。其中通信技术和计算机技术是整个主体技术的核心部分。应用信息技术是指针对各种实用目的，由主体技术繁衍而生的各种应用技术，亦即由主体技术通过合成、分解和应用生成的各种具体的实用信息技术。应用信息技术广泛渗透了工业、农业、军事、教育、科学文化等各个领域，从而构成了一个完整的应用技术体系。

（4）根据专业信息工作的基本环节或流程。信息技术分为信息获取技术、信息传递技术、信息存储技术、信息检索技术、信息加工技术和信息标准化技术等。

以上从不同角度对信息技术进行划分都不是绝对的。在大多数情况下，因各行业、各领域的人们的研究目的和使用习惯不同，会有不同的划分。

（二）信息技术的发展趋向

1. 人工智能

人工智能（Artificial Intelligence，AI）是研究、开发用于模拟、延伸和扩展人的智能的理论、方法、技术及应用系统的一门新的技术科学。人工智能是计算机科学的一个分支。该学科的研究者旨在探究智能的实质，并生产出一种新的能以与人类智能相似的方式做出反应的智能机器，该领域的研究包括机器人、语言识别、图像识别、自然语言处理和专家系统等。人工智能是一门极富挑战性的科学，从事这项工作的人必须懂得计算机、心理学和哲学知识。人工智能的研究范畴包括语言的学习与处理、知识表现、智能搜索、推理、规划、机器学习、知识获取、组合调度问题、感知问题、模式识别、逻辑程序设计、“软”计算、不精确和不确定的管理、人工生命、神经网络、复杂系统、遗传算法、人类思维方式，最关键的难题还是机器的自主创造性思维能力的培养与提升。人工智能在英语教学研究中的一个重要领域是机器翻译和智能控制。

2．物联网

物联网指通过信息传感设备，按照约定的协议，把任何物品与互联网连接起来，进行信息交换和通信，以实现智能化识别、定位、跟踪、监控和管理的一种网络。它是在互联网基础上延伸和扩展的网络。物联网的概念有狭义和广义之分。狭义物联网即“联物”，基于物与物间的通信，实现“万物网络化”。广义物联网即“融物”，通过物理世界与信息世界的完整融合，形成现实环境的完全信息化，实现“网络泛在化”，并因此改变人类对物理环境的理解和交互方式。

3．云技术

云技术是分布式计算技术的一种，其最基本的概念是通过网络将庞大的计算处理程序自动分拆成无数个较小的子程序，再交由多部服务器所组成的庞大系统经搜寻、计算分析之后将处理结果回传给用户。学校如果将云技术运用到英语教学中，将会带来以下好处：

（1）超大规模。云的价值在于通过合并计算资源，实现资源的最大化利用。例如，学校可以通过安装服务器，以取代学生的电脑主机，将所有主机整合为一个云系统，能够实现资源的最大化利用。

（2）虚拟化。虚拟化后，教师给学生分配的不再是真实机器，而是根据需要配置的对应性能的虚拟机。这在管理上也会减少学校工作量。

（3）高可靠性。云技术将所有核心资源都整合到系统里，分布式系统的特性决定了云技术比传统方式有更高的安全性。学生和教师端如果出现设备故障，可以模块化地快速更换，甚至学生、教师可以使用自己的手机、平板电脑作为终端设备。云系统端可以实现设备发生故障后，短时间进行更换，恢复运行。

（4）高可扩展性。当教学任务变化或者教学系统需要升级时，相关人员只需要对核心设备进行升级或者增加设备即可，实验室与使用者不需要任何更改。

（5）按需服务。云技术可以根据课程量、学生人数进行资源分配，能实现资源合理化、科学化。例如，教师通过云技术，可以根据课程，灵活安排任意人数上课。

（6）极其廉价。云技术与传统方式相比，其最大优点是，规模越大，成本越低。这对学校发展和对外合作有积极意义。

4. 大数据

“大数据”作为时下最火热的IT行业的词汇之一，随之而来的数据仓库、数据安全、数据分析、数据挖掘等围绕大数据的商业价值的利用逐渐成为行业人士争相追捧的利润焦点。数据又并非单纯指人们在互联网上发布的信息，全世界的工业设备、汽车、电表上有着无数的数码传感器，随时测量和传递着有关位置、运动、振动、温度、湿度乃至空气中化学物质的变化，也产生了海量的数据信息。物联网、云计算、移动互联网、车联网、手机、平板电脑以及遍布地球各个角落的各种各样的传感器等，无一不是数据来源或者承载的方式。

大数据是继云计算、物联网之后的产业又一次颠覆性的技术变革。云计算主要为数据资产提供了保管、访问的场所和渠道，而数据才是真正有价值的资产。企业内部的经营交易信息、物联网世界中的商品物流信息，互联网世界中的人与人的交互信息、位置信息等，其数量将远远超越现有企业架构和基础设施的承载量。如何盘活这些数据资产，使其为国家治理、企业决策乃至个人生活服务，是大数据的核心议题，也是云计算内在的灵魂和必然的升级方向。在大数据时代，网民和消费者的界限正在消失，企业的疆界变得模糊，数据成为核心的资产，并将深刻影响企业的业务模式，甚至重构其文化和组织。因此，大数据对国家治理模式，对企业的决策、组织和业务流程，对个人生活方式都将产生巨大的影响。作为现代化科学技术发展方向的信息技术，发展十分迅速，不断出现新的成果。目前信息技术的发展趋势有以下特征：

（1）数字化。信息社会是以计算机和网络信息技术为基础的，计算机处理的信号和计算机网络上所传输的信号都是数字化的。现实世界是一个充满模拟量信息的世界，这些模拟量信息包括声音、影像、热量、压力等。已经或正在转为数字化，是这些模拟量信息的发展走向。数字量具有很多模拟量所无法比拟的优势，如数字化的电视会没有干扰；数字化的声音会特别清晰，有极高的保真度。目前，全球电子产品正迅速实现数字化，我们周边的数字移动电话、汽车动力方向盘、数字化指纹识别仪等只是其中的几个例子。

（2）网络化。信息社会最大的特征就是信息的极大丰富和信息共享，而所有的这一切都离不开网络的快速发展。随着信息社会的进一步发展，一定会有更多的信息系统联入网络，成为网络中的新成员。因为只有这样，我们才能充分享受信息时代带给我们的便利，才能充分利用各种信息来改变我们的生活。网络化是信息技术发展的基础与环境。

（3）交互化和协作化。由于网络等信息技术的广泛使用，信息化教育为人们的交流创造了一个虚拟空间。人们在这个虚拟的空间中，可以消除真实的时空距离，突破时空限制。这也为信息化教育管理主体和客体之间的对话提供了一个交互界面。一方面，信息化教育管理主体可以根据信息反馈来调整自己的作用方式和行为程序，及时地了解信息化教育管理客体的需求与教育的最新发展趋势，保持信息化教育管理工作的持续性、独特性；另一方面，信息化教育管理客体可以通过与信息化教育管理主体的及时交流与对话，提出自己的要求，并随着现实情况的变化向信息化教育管理主体提交自己的信息。换言之，信息技术的交互性，使信息化教育管理的主客体之间可以像面对面一样交流。这种交互性，在信息化教育管理主体之间或客体之间突出地表现为协作性。因为任何一个信息化教育管理主体或客体都不是孤立地存在的，他往往同其他主体或客体有着紧密的联系。为了达成某项任务目标或满足一定的需求，信息化教育管理主体或客体往往不是单独开展活动的，而是相互沟通与协作，共同来达成任务目标，实现自身需求的。这种协作往往表现为教育行政部门、各地区、各学校之间的合作与相互帮助。

（4）综合一体化是指将多种媒体信息，如图像、文字、声音、视频等，通过有机地组合到一起，共同表现一个事物或过程，实现不同媒体形式之间的相互补充和增强，以创造更丰富、更完整的信息表达效果。这种一体化方法使得不同的媒体形式不再是独立的，而是相互联系、相互支撑的，可以发挥各自的优势，达到更好的信息传递效果。

（5）智能化。从技术的角度讲，智能化就是自动化，就是通过一系列智能技术使设备或者系统部分具有人的智能，从而能够部分地代替人的劳动。这是信息技术发展的目的。

（6）个性化。个性化的影响已经越来越大。一些厂商相继推出了相应的产品和服务，而时尚化、健康化等系列产品也正是个性化的某种实现形式。通过网络，人们可以将自己的需求发布出去，厂商也可以通过其网站和系统获得用户的需求资料，从而进行大批量或单件生产。个性化是信息技术所取得的最为伟大的成就之一。

二、信息技术对英语教学的影响

（一）信息技术对教学环境的影响

1. 教学环境的要素构建

教学环境是指学校教学活动所必需的客观条件的综合。它的构建是以人的身心发展需求为依据的，与其他的环境不同，它的内容、主体和区域都是其特有的。

教学环境的特殊性为师生活动奠定了基础，影响着教学的效果，而且把教学的活动引向了各种不同的方向。虽然教学环境对教学的影响有时候并不是立竿见影的，但是仍然不能忽视其潜在的影响。所以，对组成教学环境的要素及其作用进行充分的认识，不仅可以提高教学的效果，还可以提高教学的艺术性。

教学环境这一系统非常复杂，在构成教学环境的要素方面，许多研究者都有可能有自己独到的见解。不论是从主体结构方面还是从内容构成方面进行研究，它的构成要素都不是独立存在的，这些要素存在于教学活动之中，相互制约、相互影响、相互作用，以一个整体的形式存在于教师和学生的认知、行为以及情感之中。教学环境主要包括生理环境、物理环境、心理环境三方面内容。

（1）生理环境。生理环境即个体自身的生物特点。人的生理是非常独特的。当许多人处于教学活动之中时，他们的外在表现是各不相同的。生理环境是教学环境的一个方面，身体素质的好坏对于教学活动是否能够取得成功有着决定性的作用。

（2）物理环境。物理环境是教学环境中有形的、静态的硬环境部分，也是常说的狭义的教学环境，如自然环境、设施环境、时空环境等。

（3）心理环境。心理环境是教学环境中无形的、动态的软环境部分。

2. 信息技术与教学环境产生的影响

在由信息技术支撑的教学环境的支持下，教学与信息技术才能够得以整合。其中由信息技术支撑的教学环境就是信息化教学环境。而信息化教学环境的形成是信息技术对教学环境产生的主要影响。信息化的教学环境一定会有传递、存储和处理信息的功能，能满足学生数字化学习需要的信息性质的环境，主要包括校园网、多媒体计算机网络教室、电子阅览室、常规电教室、远程教学信息网络系统等。信息化教学环境，不仅包括了硬件系统，还包括软件系统和人机环境，是一个由它们三者组成的有机综合系统。在这个系统中，每个要素之间相辅相成，既相互制约又相互联系，以一个有机整体的形式在教学中发挥着它们各自的功能。与传统的教学环境相比，其优势是显而易见的——使共享学习资源的通信功能大大增强，使教学设施真正地实现了网络化，使多媒体的学习模式更加完善了。

信息技术为教学环境的构建增添了新色彩，让教学的环境有了巨大的改变。数字化的教学过程、传输、处理以及信息的显示都让传统教学环境望尘莫及。

（1）教学过程智能化。计算机辅助教学系统在技术上以应用人工智能为主，实现了在教学过程中的自动化服务，不仅可以对学生的学习方面有个大致的了解，还可根据其实际情况给出不同的教学方案及内容，实时跟进教学进度，且能够调整教学方法和策略。人工智能技术大大节省了教师的时间，使教师有精力去设计和开发教学软件，更好地组织课堂教学。

（2）信息传输网络化。教学内容可以通过网络得以传输。这就实现了异地同步的教与学。网络化的传输可以实现文本、图像、视频和声音等的传播，支持群组传输和个别指导。不同地区的教师和学生可以共享优秀的教学资源，避免了资源的重复开发。

（3）信息处理数字化。在传统模式下的课堂中，教师和学生将大量的时间浪费在复杂的运算当中，而用于实际的内容和方法的教学少之又少。这样就使得学生学习效率降低，学生的学习积极性也被削弱。但是在信息化教学环境中，信息技术对那些图文声像等各类教学信息的记忆存储、复杂运算、逻辑判断等都进行了数字化处理，在方便学生理解和记忆的同时节省了课堂时间，为教师讲授内容和方法提供了充足的可能性。

（4）信息显示多样化。基于信息技术下的教学环境，不再只提供传统单一的文本信息方式，同时提供了图片、动画、视频等多种形象直接的显示方式，刺激学生的多种感知器官，从而使教学效率大大提高。

（5）信息存储硬盘化。随着硬盘价格的降低，硬盘存储大量的教学信息。这样既节约了计算机的空间，提高了计算机运行速度，又可以长久保存，随时调取使用。同时，非线性的查找方式也为调取信息提供了极大的便利。

（6）交互界面图形化。随着信息技术的发展，交互界面已经实现了用图形化文本代替原来的文本，使整个界面更加人性化，操作也更快捷。

3. 信息化教学环境的作用

（1）有利于信息反馈和教师的调控。在信息技术的支持下，利用网络的方便快捷优势可以快速地传递教师的指导和学生的反馈内容。特别是对于学生处于网络教室环境下的学习，教师可以利用网络教室的监控功能实时进行学生学习情况的指导和评价。

（2）有利于教学信息多样化显示。信息技术支持下的教学信息的显示方式不再局限于传统的文本形式，而是转变成图片、声音、视频动画等多样化的显示方式，让学生可以通过直接感知进行知识的获取，激发了学生的学习兴趣，提高了教学效率。

（3）有利于学生进行协商讨论。学生可以利用信息技术提供的多种网络交流平台，如腾讯QQ、留言板等，不再需要面对面地进行交流讨论。这有效消除了一些内向学生不爱发言的心理障碍，在保护学生隐私的前提下，让学生可以畅所欲言，尽情地发表自己的观点和看法。

（4）有利于教学资源的高度共享。在以往的教学中，教师如何把大量的资料和信息传递给学生，学生如何将自己的看法和心得与其他同学分享一直是教育者所注重的。而现代的信息技术就可以满足教师与学生的需求，可以实现大容量的文件资源的传递与共享，在短时间内准确有效地将需要共享的信息传递给指定的人。

（5）有利于学生获取广泛信息。互联网上的信息是海量的。学生可以利用搜索功能实现信息的获取，也可以利用网上发帖求助的功能向全球的用户提出问题，广交朋友。

（6）有利于学习者的积极参与。基于信息技术的多种强大功能，信息化教学环境在方便教师和学生使用的同时激发学生的好奇心，让学生进行自主的学习与探索，使更多的学生参与其中，扩大了受众面。

（二）信息技术对教学媒体的影响

1. 教学媒体及其特性

“媒体”一词源于拉丁语“medium”，意为两者之间，是指承载、加工和传递信息的介质和工具。广义的媒体是指实现信息从信源到信宿的一切手段，包括书本、图片、电影、电视、计算机、网络、通信卫星等。媒体的出现，极大地改变了信息传播的模式，媒体在教育中的应用影响着人类知识的组织、传递与获取方式，提高了人们获取知识、读书学习的效率。

当某一媒体被用于教学时，该媒体就可以被称为教学媒体。习惯上，教学媒体有传统教学媒体与现代教学媒体之分。通常而言，人们把过去传统教学中常用的媒体称为传统教学媒体，如教科书、黑板、粉笔、挂图、标本和模型等，而将20世纪以来利用科技成果发展起来的电子传播媒体称为现代教学媒体，如幻灯、投影、电视、电影、无线电广播、计算机和网络等。教学媒体具有以下的教学功能特性：

（1）表现力：各类媒体在呈现事物的空间、时间、颜色、声音等特征的能力方面是不同的。

（2）重现力：重现力是指对信息的重现能力。例如，书本可以被反复阅读，录音、幻灯可以被反复播放。有些媒体不具备良好的重现性，如现场的无线电广播与电视广播。

（3）接触面：任何媒体都具有扩散的传播性，以各种符号形态把信息传递给受传者，只是不同媒体在传播的范围上各有差异。

（4）参与性：媒体能在活动中给学习者提供参与活动的机会，包括行为参与和感情参与。

（5）受控性：受控性是指媒体受使用者操纵控制的难易程度。

2. 信息技术对教学媒体的影响

通常情况下，人们把信息技术环境下的教学媒体归类为现代教学媒体，又根据它们的表现方式不同把它们分为视听媒体、交互媒体和远程教学媒体。现代教学媒体的出现是信息技术对教学媒体产生的主要影响。

（1）视听媒体。视听传播教学中的媒体被称为视听媒体。视听媒体是传递音像信息的媒体。这里所指的主要是现代视听媒体，如电视机、电影机、影碟机以及计算机等能同时播放视频和音频的媒体。视听媒体通常用来呈现过程，解释原理，可以产生以下效果：

第一，可实现自由变换。上下镜头之间的连接只要符合蒙太奇，即可省去事物发展的某一过程，当然这一过程可能为时间过程，也可能为空间过程。例如，上一镜头为某人伸手开门，下一镜头此人已在室内走动。这里省去了开门、进门的过程，从室外空间转换到室内空间。

第二，可表现宏观、微观世界，展现在正常情况下，人们难以观察的变化。例如，星球运行规律、细胞分裂过程等。这是传统的模型和挂图达不到的效果，可以生动、直观、逼真地再现事物面貌。

第三，可以定格（暂停）画面或反复播放，有利于学生更清晰地观察他自己需要进一步了解或复习巩固的部分。这样的功能有利于学生自学，有利于学生对没有掌握或者存在疑义的问题进行反复推敲，在体育技能的演示或分步演示中运用比较广泛。

第四，能让学习者有身临其境的现场感，特别是对于那些有毒、危险的环境，如山洪暴发等。一些危险的化学实验即使在学校的实验室演示也不能保证学生的安全，但是通过视听媒体教师可以清晰地展示操作过程，安全又可控。

（2）交互媒体。交互是指两个或两个以上的个体之间进行的双向信息交流。交互媒体是指媒体系统具备类似于机体的行为特征，能够独自与用户发生互动并相互影响。交互媒体在媒体与学生之间构建起一个双向的通道，使学生处在一个积极的学习状态中。学生与媒体既是接收者同时又是信息的发送者，两者之间构成了一个信息流通的闭环系统。

（3）远程教学媒体。教师在进行网络化远程教学时，使用的通信工具应符合相应的教学要求和设备条件。一般在实施远程教学时，为了能更方便灵活地运用计算机网络通信工具进行交流，教师通常会选用诸如电子邮箱和网页浏览器等这些异步工具进行教学。这些异步工具不需要对方实时地进行信息接收，方便了彼此的时间安排。同时这种通信工具的通信成本都比较低。学校节约了大量的资金进行其他设备的建设。

3．信息技术对教学工具产生的影响

信息化教学工具的出现是信息技术对教学工具产生的主要影响。从广义上讲，信息化教学工具是指围绕教学设计被开发的、协助教学活动进行的计算机软件类、一系列工具书类的工具。从狭义的角度来看，是指以各个学科的特点为中心，研究人员研究开发出不同的计算机软件类工具，以方便教师在学科教学过程中使用。

三、信息技术与英语教学的整合

为了更好地完成英语课程目标，培养学生的创新精神和锻炼实践能力，将信息技术融入英语课程的学习活动中，使信息技术和方法以及人力资源和英语教学内容有机结合起来，更有效完成教学任务的教学模式，就是所谓的信息技术与英语教学的整合。

（一）信息技术与英语教学整合的实质

对于英语教学整合实质，国内外已有不少有益的探索。通过考察和分析已有的研究，信息技术与英语教学整合的实质包括以下三个方面：第一，它不是一种单纯的叠加过程，而是在英语教学中引入先进技术，两者相互融合，相互适应，共同创造促进学生知识与技能发展的良好环境。信息技术与英语教学的整合也可以说是开创了一种新型的教学模式。第二，整合是在信息技术与英语教学内容、课程资源、实施评价等多个英语教学系统因素的相互作用的思维框架下进行的。第三，从教学设计角度来讲，整合是在信息技术与英语教学因素相融合的基础上，以“用技术学习”为核心，营造理想的学习环境或创新教学模式。这就需要改变传统模式下的学习和教学方法，创建新型的教学关系，确立适应教育变革的价值观、学习观和教学观等。

（二）信息技术与英语教学整合的特性

1．整合的必要性

信息技术已渗透社会的各个领域。作为与国际接轨的英语教学，其发展需要信息技术的加入。传统的英语教学存在着一些难以克服的缺陷：英语不是母语，对于第二语言的学习，教师如若不创设逼真的情景，就会对学生口语的发展起阻碍的作用。另外，一些西方的传统习俗仅靠教师的语言描述是远远不够的。信息技术的运用能很好地解决这些问题，增加英语课堂的信息量，开阔学生的视野。

2．整合的可能性

从教师方面而言，计算机知识正在教师队伍中得到普及，而英语教师具有先天优势。从学生方面而言，信息技术课已被列入基础教育的必修课程。信息技术的基础知识已逐渐被学生所掌握。从学校的硬件设施看，广大学校已拥有了多媒体教室、网络教室，办公也是自动化的，并且计算机的数量在不断增加。走在前列的学校已办起了校园网，接通了互联网，甚至使每间教室都成了多媒体教室，每间办公室都成为课件制作室。这些硬件设施为信息技术与英语学科的整合提供了可靠的保证。现代化的教育设施，为开展教育现代化打下扎实的基础。例如，《中国教育现代化 2035》中提出要加快信息化时代教育变革，以教育信息化带动教育现代化，是教育改革的核心任务。

3. 整合的协作性

整合的协作性，首先体现为学生互相学习、师生互动、生生合作，从而得到团队的帮助和启发，共同参与完成学习任务。各学校应充分发挥信息技术的优势，为学生的学习和发展提供丰富的教育环境和有利的学习工具。其次体现为以多媒体计算机技术和网络技术为主的信息技术具有交互性、超文本性和网络化等特性，使个别化学习、协作式学习和发现式学习得以结合，极大地拓展了英语教学的领域，可以培养学生的创新精神和实践能力。

（三）信息技术与英语课程整合的策略

信息技术与英语课程整合的策略主要包括以下方面：第一，在英语学习资源的指导下，利用信息技术创造的学习环境，对学生的观察和思维能力进行培养；第二，借助优质的英语学习资源以及良好的信息化环境，在多媒体提供的丰富资源的基础上，引导学生进行自主探索学习；第三，利用先进的科学技术，在科学的研究方法的指导下，培养学生积极参与、不断思考探索的学习精神；第四，在多样化英语学习资源的指导下，开展多样化的协作实践活动，让学生在互帮互助的氛围中掌握知识与技能；第五，运用信息技术为学生创造使用英语语言的环境，鼓励学生用英语表述自己的观点，促进学生个性化知识体系的形成；第六，灵活运用网络信息创建的交流平台，开展创造性实践活动，提高学生信息加工处理能力和英语运用能力；第七，在学习过程中，运用各种有利的资源条件，使学生实现客观全面的自我评价及学习反馈，让学生及时发现问题并加以调整改进，从而提升学习效果。

（四）信息技术与英语教学整合的方法

1. 运用先进的教育理论指导整合

课程整合离不开相关教育理论的支持，离开了理论的支持，整合就没有了核心。建构主义理论、奥苏贝尔的认知同化论、“主导-主体”教学理论和多元智能理论等都为信息技术与教学整合提供了先进的理论基础，是开展实践研究的基石。

2. 围绕“主导-主体”新型教学结构的创建进行整合

传统的课堂教学是以教师为中心的教学，学生处于被动接受的地位，因此又被称为传统式教学。而教学整合就是要改良这种“填鸭式”的教学方式，创建一种以教师为主导、学生为主体的新型教学结构。教师不再是课堂的主宰，而是设计者、提供者、帮助者和引导者，注重学生在学习中的地位，鼓励学生通过知识建构来学习和内化知识。

3．利用“学教并重”的教学设计理论和方法进行整合

信息技术教学工具在为教师提供支持与帮助的同时也是引导学生主动建构的认知工具与协作交流工具，在信息技术飞速发展的今天，信息技术走进课堂已经成为普遍的事实。但是如何合理充分地利用信息技术，成为摆在教师面前的新挑战。与教学并重的教学设计理论可以恰当地处理教师与学生之间的关系，使两者和谐共处。同时这一设计理论以学生自主学习策略和学习环境为核心，教师应借助多种学习策略来引导学生主动学习，结合内部因素和外部因素全方位地进行整合。

4．注重各学科的教学资源的建设和信息化教学工具的搜集与开发

没有充足优质的教学资源为引导，教学整合就无从谈起，因此具有大量优质的教学资源是进行教学整合的前提。教师应引导学生运用教学资源自主学习，从而实现创新型人才的培养。教师也不能一味地使用已有的工具，有能力的教师可以自行研制和开发适合自己使用的工具和方法。

（五）信息技术与英语教学整合的模式

信息技术与英语课程的整合，应该利用多媒体信息集成技术、超文本技术、网络技术等的优势。信息技术作为教师的英语教学辅助工具和学生英语学习的认知工具，应使学生实现英语学习方式的变革，从被动接受式学习真正转变为自主学习和有意义学习。信息技术与英语教学的整合将带来英语教育观念的转变，将形成新型的教学结构，使教学模式从以教师为中心的讲授转变为学生探索发现式的自主学习、协商讨论和意义建构。

在这种整合模式下，首先教师应根据教学目标对教材进行分析和处理，并以课件或网页的形式将教学内容展示给学生；其次学生接受了学习任务以后，在教师的指导下，利用教师提供的资料（或自己查找信息）进行个别化和协作式相结合的自主学习活动，并利用信息技术完成任务；最后师生一起进行学习评价、反馈。在整个教学过程中，学生的主体性和个别化得到较大的体现，这样的教学氛围十分有利于学生的创新精神和问题解决能力的培养。教师通过整合的任务，发挥了自己的主导作用，以各种形式、多种手段帮助学生学习，进一步调动了学生的学习积极性。信息技术与英语课程

整合的具体模式有以下方面：

1．信息技术作为英语教师教学的辅助工具

信息技术与英语教学的整合，是原来的计算机辅助英语教学理念的提升和发展。原来的信息技术教学应用更加关注辅助教学，而且将信息技术孤立于课程目标之外，不将其作为教学结构的有机元素来看待，结果不能取得良好的教学效果。信息技术与英语教学的整合，并非忽视信息技术作为英语教学工具的功能，而是把其作为信息技术与英语教学整合的一个侧面来看待。信息技术作为英语教师的教学辅助工具，主要是知识呈现工具、师生通信交流工具、测评工具以及情景展示工具等。教师应更加关注其教学设计的合理性，从英语课程目标出发，真正地把信息技术整合于英语教学之中。

2．信息技术作为学生学习的认知工具

信息技术与英语教学的整合和辅助英语教学的明显区别，就是信息技术可以作为学生强大的认知工具，信息技术成了学生学习与认知的有效工具，并且根据英语学习目标，学生能够合理地选择信息技术工具。信息技术主要作为英语学习内容和英语学习资源的获取工具、协商学习和交流讨论的通信工具、知识构建和创作的实践工具和自我评测的反馈工具。学生必须根据学习环境和目标及预期结果，选择合适的信息技术工具作为自己的英语学习工具。

3．信息技术作为学习环境的构建工具

教师应利用信息技术构建一个有效的英语学习环境。通过信息技术，教师可以为学生提供一个真实的或者虚拟的学习环境，让学生深入体验，学会在环境中主动建构、积极建构，积累自己的学习经验。教师可以利用信息技术的网络通信功能以及虚拟功能等，为外语学习者营造有效的学习环境。

对于现代教育信息技术对英语学习环境的构建，我们仍然要从一般学习理论中寻找理念。另外，学习理论的研究可以归纳为三类：第一类，学习是刺激与反应之间联结的加强（行为主义）；第二类，学习是指认知结构的改变（认知学习派）；第三类，学习是指自我表现概念的变化（人本主义）。这些理论存在偏颇，但它们从不同的角度揭示了学习的性质，为现代教育信息技术条件下，英语学习环境的构建提供了不同的理论基础和不同的视角。利用现代教育信息技术构建的英语学习环境的理论孕育在这些理论之中，并不断发展，不断成熟。

第二节　现代英语信息化教学模式分析

一、信息化教学模式的作用

信息化教学模式是新的时代条件下教学模式的新发展，是基于技术的教学模式或数字化/信息化学习模式。所谓信息化教学模式，是指技术支持的教学活动结构和教学方式。它是技术丰富的教学环境；是直接建立在学习环境设计理论与实践框架基础上，包含相关教学策略和方法的教学模型。

目前，国内外较为常见的信息化教学模式主要有基于问题的学习、基于项目的学习、基于案例的学习、基于资源的学习、探究学习、协作学习、基于电子学档的学习、个性化学习、个别授导、操练与练习、教学测试、教学模拟、教学游戏、协同实验室、虚拟实验室、情境化学习、虚拟学伴、虚拟学社、虚拟教室等。可以肯定的是，伴随着教育信息化过程的不断深入和发展，新的信息化教学模式也将不断地涌现，构成丰盈的新型教学模式体系。

作为信息化教育的具体表现形态，信息化教学模式具有信息化教育的一般特征。它的表层特征是信息技术的应用，深层特征则涉及人才观、教育观、学习观、教学观、技术应用观、评价观等方面的系列变化，是自觉适应信息/知识时代需求的必然选择。

信息化教学模式通过调整相应的教学方式、评价方式等，推动学生的适应信息时代的知识的增长、能力和素质的提高，从而更好地适应时代对教育教学改革的要求。信息化教学模式的重要旨趣之一就是变革学习方式。在信息技术提供思想和方法支持下创建新型的学习方式。

（1）走向创新性学习。进入信息化时代后，传统的继承性学习已经满足不了时代的需求，因此要逐渐走向创新性学习。创新性学习的内涵体现在两个方面：①学会，即对自然科学和社会科学的必要知识进行学习掌握，同时对一些相关的技能、态度以及道德品质等进行培养与提高；②会学，会学是要掌握根本的学习能力，包括思维、观察、动手等各项学习能力，其中最关键的是拓展思维与创新能力。实现创新性学习一般要遵循以下原则：①准确快速地筛选和存储所需要的信息；②根据这些信息进行实践活动，并能成功地解决某些问题；③运用自身的创新意识，在拆分重组的过程中提出新颖的观点与看法。

（2）走向自主学习。信息化教学模式主张打破传统学习模式下学生被动地接受知识的状态，培养拥有自主学习能力的学习者，不断发展和提升学生学习的主体性、能动性和独立性，让学生能主动地根据时代的变化，逐步更新自身的知识与能力结构。另外，其重视自主学习的主体性和参与性的特征，让学生自觉积极地参与社会和集体组织的活动，保证这种自主性的合理合法性。这也符合我国新课程改革倡导人的主体性、能动性和独立性的学习宗旨。之所以如此强调自主学习的重要性，其作用主要体现在：第一，每个人生理和心理发展的必然趋势就是实现行为的自主性，同时行为自主性也是决定一个人是否成熟的关键因素；第二，个人只有具有了自主学习的能力，才能为终身学习、个性化学习以及教育终身化提供相应的保障，才能跟上时代进步的步伐，有效地融入团队合作中，实现自我的可持续发展。

（3）走向个性化学习。由于每名学生的天赋和理想不同，因此想要实现个体的成功，教师就需要重视每名学生的个性化需求，这是保证学生充分发展的前提。如今，信息化时代已经为每名学生提供了其所需的各种学习条件，学生要努力抓住这个机会，运用自身独特的学习方式，各取所需，满足自身的个性化需求；另外也需要教师以学生为中心，因人而异地进行针对性引导，帮助学生实现个性化学习。

（4）走向基于技术的学习。基于技术的学习是一种使用各种数字技术和工具进行学习和教学活动的方法，包括各种在线学习平台、教育软件、互动工具、实时通信软件等。信息时代强调的就是在信息技术的支持下，学生要进行自主、协作、反思和探究性学习，充实自身。学生要在掌握并能熟练运用这项生存技能的前提下，主动利用网络提供的多样化的学习平台，包括开放性学习环境、建构主义学习环境、基于项目的学习环境等丰富多样的环境，实现时间、空间、内容、对象等的开放化学习模式。

总而言之，信息化教学模式的旨趣在于根据时代对人才素质的需要，充分发挥信息技术的功能，变革传统的学习方式，以有效促进学生高阶能力的发展。

二、信息化教学模式建构的类别

（一）理念支柱：素质教育与新课程理念

1. 素质教育的集合

素质教育是为适应时代发展和人的发展需求而形成的教育理念集合。

自 20 世纪 90 年代以来，人们对素质教育的定义和内涵展开了持续不断研究，取得了不少共识。素质教育是根据时代社会发展和人的发展需要，以全面提高全体学生的基本素质为根本目的，以弘扬学生的主体性为主要运作精神，以注重潜能开发和健全个性发展、注重培养创新和实践能力为根本特征的教育。

2．新课程教学理念

新课程教学理念不同于素质教育从价值观、目的观等宏观方面指导信息化教学模式建构的理念，它从微观角度，通过对教学目标、学习方式、教师角色这些细节方面为信息化教学模式建构提供理论指导。

在新课程教学理念的指导下，信息化教学模式建构需要做到以下方面：第一，注重学生创新和思维能力的发展；第二，在保证教学目标整体性的前提下，实现课堂教学形态的创新与完善；第三，要适应人和时代发展的需要；第四，实现教学关系、教学过程、教学方法等一系列学习方式的根本变革；第五，强调师生的主体性地位以及两者之间的交流互动作用；第六，实现以建构主义先进理论为指导、基于信息技术的教学模式。

因此，对信息化教学模式的建构而言，教育者应当自觉接受素质教育理念和新课程教学理念的引领，超越/制衡基于工业时代的教学模式建构与实践倾向，准确定位自身的功能和价值。信息化教学模式的建构与实践，才有可能成为一种与时代协同演进，通过促进教育变革进而推进社会变革的积极力量。

（二）理论支柱：建构主义学习理论

建构主义学习理论的要素主要有以下方面：

（1）情境。学生应该意识到情境对学习活动以及学习效果的影响，包括人、符号等多种环境条件因素。在力求学习任务与现实条件相匹配的条件下，更高层次的环境创造，能够帮助学生进行知识的迁移，促进学生进行发现、探索、实践的多种学习活动。

（2）建构。在实际建构与虚拟建构的支持下，学生可以实现心智的模式化，即顺应新经验的变化，重新构建心智模式，如搭积木这类实际建构和在计算机屏幕上绘画等虚拟空间的建构。建构在学习活动中具有至关重要的作用，其意义不容忽视，它除了能为学生顺利完成学习上的建构任务提供强有力的支持外，还为学生将来能更好地在职业生涯中胜任知识工作提供了相应的方法指导。

（3）专注。在学习过程中，学生内在的动机对更好地完成学习任务有着极大的推动作用，甚至比外在动机的作用更加明显。一项有关研究证明，学生如果能从内心真正关注自己的学习任务，激发内在的动机，那么其完成任务的效率就越高。在信息化时代，当学生面临一些较为困难、棘手的任务时，就需要发挥自身自立、自主和自我激发的能力，力求出色地完成任务。在这方面，基于项目的学习和问题求解的学习，为学生的能力准备提供了充分的训练、帮助和引导。

（4）能力。每个人因为其行为类型和爱好特长不同，就会形成不同的智能结果。多种智力理论都强调多样化的学习方法、多种学习风格以及多种理解表达方式，其重要作用不言而喻。因此多元智能的发展以及相互匹配对学生创造性地解决问题起到了至关重要的作用，使学生获得最大化的效益。

（5）共同体。信息时代的学习或者工作，都需要同伴之间的协作学习、共同体的学习等方式来应对出现的问题。小组之间的互动、同伴与教师的指导建议以及工具、条件等各种环境因素的影响，能够有效地促进学生具备相应的时代知识与能力，更好地适应未来社会生活。由此得出，实践共同体对知识时代的学习和实现自身终身学习的巨大影响和作用。

上述所阐述的建构主义的五个基本要素体现了当代学习理论研究的趋势，换言之，只要是包含这五个基本要素理念的学习理论都应划为当代学习理论范畴。

（三）技术支柱：作为学习工具的信息技术

技术，是指人们在解决实际问题或完成现实任务的过程中积累的方法与方法原理，它包括物化技术和智能技术两个部分。

1. 技术的作用

（1）技术是适应时代生存与发展需求的必备素养。

（2）技术有利于引发和支持教育变革。

（3）技术有益于促进学习者的有效学习。恰当地运用技术对学习起着十分重要的作用，不仅能激发学生学习的自主性，同时延长了学生有效的学习时间，让学生在自己兴趣的驱动下进行自主构建。相应地，学习效率就会大大提高。学生借助相关的技术，对学习资源进行整合利用，培养合作精神，在合作学习中提升自身的创新和思维能力。同时，教师应引导学生在学习中进行自我反思与评价，及时地调整学习方法，提高学生解决问题的能力。

(4)技术有助于创设和维护新型的学习生态环境。技术在学习中扮演着不同的角色，可以作为媒体，向学生传递多样化的知识信息；可以作为学习过程中的监控工具，起到规划设计、监督与评价的作用；也可以用于信息的加工处理，对多样化的信息资料进行整合分析，便于学生的理解和内化，并通过创新重组形成新的知识信息；还可以作为学生之间交往互动的工具。

由此得出，技术拥有多重身份，不仅是一种目的，同时也是一种工具，然而技术在学习中起到的只是理论假设的作用，其实际的成效还需要结合正确的技术应用观来实现。

2. 信息技术作为学习工具

学习工具，是指有益于学生查找、获取和处理信息，交流协作，建构知识，以具体的方法组织并表述理解和评价学习效果的中介。在信息时代，信息技术作为一种学习工具出现，在教学模式的建构与实践中起着至关重要的作用，其是基于技术学习的主要体现。

信息技术作为学习的工具，在信息化教学模式建构与实践中扮演的是中介的角色。在信息化教学设计与应用中，教师应该充分发挥学生个体与技术相应的认知功能，结合两者的功能优势进行设计变革，主要应做到以下方面：第一，充分发挥信息技术作为各种学习工具和促进学生学习的作用。第二，当学生面对的是复杂性任务且学生不具备解决问题的能力时，教师就需要在教学设计时考虑到这方面因素，运用认知工具开展适当的思维活动，提升学生的能力，以为学生提供相应的支持，帮助学生解决问题。认知工具种类繁多，在学习与教学过程中融入相应的认知工具，可以为学生提供技术支持，方便学生认识和了解问题的本质。比如，在研究过程中融入心智模式工具，就可以实现学生思维过程的实时体现。第三，为学生提供计算机介质通信系列技术的方式，帮助学生实现信息的传递与共享，方便学生之间的交流与合作。学习并不只是一种独立的活动。因此，教师还要注重群体之间的协同合作，让学生可以运用计算机介质通信系列工具提供的交流平台，实现社会性交流的知识共享，在学生协作交流圈中进行信息和知识建构的共享，并通过共同讨论分析总结出最佳答案。所以，学生可以恰当地运用计算机介质通信技术，对同一个问题进行深入的研究探索，进而完美地解决问题。

三、信息化英语教学模式的创新

（一）信息化英语教学模式分析

信息化教学模式是互联网时代的新的教学模式，通过信息技术如计算机网络，以及现代化的技术手段，包括信息资源、教学媒体等来支持教学活动。信息化教学模式营造有利于良好的学习氛围的营造，更能够调动起学生的创造性、积极性和主动性，让学生变成知识的构建者，培养学生的思维能力和创新能力，以达到更好的教学效果。常用的信息化教学模式包括探究学习、情境化学习、协作学习、基于案例的学习、网络探究教学以及基于问题的教学等具体的方式。

（二）现代教育技术下的新型英语教学模式探索

现代教育技术下的新理念型高职英语教学模式理论框架将多环境、多媒体、多模态理念，建构主义教学理念以及生态化课程理念等多种理念整合起来。其主要特征是教学结构的改变和教学环境的创设，在实际操作中，将模态转化学习和多模态体验作为着力点。相比之前的单纯以计算机辅助语言学习理论和建构主义理论为基础构建出的理论框架，该模式的框架更加系统、细致，对实际教学模式的设计更具指导意义。

1．新型高职英语教学模式理论框架分析

（1）多模态、多媒体、多环境理论分析。

1）多模态。简单而言，模态就是人与外部环境的互动方式，而这种互动是由人的感官来完成的。这些感官包含了味觉、触觉、嗅觉、听觉以及视觉。另外，医学界新近发现了人的感官还包括距离感和平衡感。而多模态，指的是有三种或三种以上的感官参与的人与环境的互动方式。人类接受来自不同感官的信息，然后将这些信息整合成了整体的体验。因此，参与的感官越多，即模态越多，个体获得的体验和信息就会越丰富立体。模态的转换可以帮助学生将所学的内容更快、更深入地内化为自身的知识体系，且能使记忆更加持久。

2）多媒体。多媒体也就是多种媒介。媒介分为逻辑媒介和物理媒介，而这里的媒介，特指逻辑媒介。物理媒介是指承载内容的物理介质，包括纸张、光盘和磁带等。而逻辑媒介是指所承载的内容使用的编码手段，包括文字、图像、数字音频流、模拟音频流和视频流等。当三种或三种以上的逻辑

媒介同时使用于同一部分内容时，这部分内容就构成了多媒体材料。因此，印在纸上的文字、录在磁带中的声音都是单媒体材料，而同时具有视频流、音频流、图片和文字的光盘，虽然在物理媒介上是单一的，但是从逻辑媒介上而言，包含了多种编码手段，所以是典型的多媒体材料。多媒体学习常常和多模态学习交织在一起。这是由于相比于单媒体材料，多媒体的内容毫无疑问地可以提供多模态的信息。

3）多环境。学习环境为学生提供了机遇。学习环境有多种类型，而学习行为的发生，常常处于多环境的混合状态。多种环境因素为学生学习提供了多种机遇，并影响学习的效果。

高职英语教学应当使学习环境更加有利于学习中的模态转化和丰富体验的获得。在考虑环境因素时，高职英语教学可以采用多环境下的学习集成型模式，将各种环境因素纳入学习环境构建的范围内。

（2）计算机技术与英语课程的生态化整合理论论述。计算机技术与英语课程的生态化整合是指将计算机技术和英语课程进行有机结合，构建一个生态化的学习环境，以促进学生的学习和发展。经由计算机技术和英语课程的生态化整合，使用计算机进行教学成为语言教学中必不可少的方式。计算机技术与课程的生态化整合是通过将信息技术融入学科的课程教学中来实现的，目标在于营造数字化的教学环境。这样可以将学生在学习中的主体地位与教师所发挥的主导作用有机地结合起来，在教学方式上以“自主、个性、探究、合作”为宗旨，充分调动和发挥学生的创造性、积极性和主动性，促使以教师为课堂教学中心的教学结构向“主体导向”的新型教学结构转变。因此，整合的内涵可被概括为三点：第一，创建信息化教学环境；第二，创新教与学的方式；第三，变革传统教学结构。

2．新型高职英语教学模式理论框架的核心

新型高职英语教学模式理论框架将计算机技术、多环境、多媒体、多模态理论与建构主义教学理论以及生态化课程理念等多元理念进行有机融合，其显著特征在于教学结构的创新和教学环境的精心创设。在实际操作中，该理论框架聚焦于模态转化学习和多模态体验，旨在为学生提供更为丰富、多元的学习体验。这一理论框架不仅拥有深厚的哲学理论基础，还得到了相关假说的支持，使其更加系统、细致。同时，它紧密结合了当前计算机和网络技术在教育领域广泛应用的实际情况，对实际教学模式的设计具有重要的指导意义。然而，对于这一理论框架的研究仍需更多的实践经验来验证其有效性，并在教学实践中不断发展和完善，以更好地适应时代的需求，提升高职英语教学的质量和效果。

（1）创设学习环境。多模态、多媒体、多环境理论强调对学习环境的创设，使环境更有利于进行模态的转化和提供多模态的丰富体验。计算机技术和英语课程生态化整合理论要求创设数字化的学习环境，而建构主义的教学理论认为创设好的学习环境就是要使环境利于意义构建和交流讨论。这两种理论对环境的要求是相容的。

（2）教学结构的转化。在传统的教学模式中，教师是主动的知识传递者，而学生则是被动的知识接受者。但是在建构主义的教学模式中，教师和学生同样作为教学主体。在计算机技术和英语课程生态化相整合的教学模式中，教师起主导作用，学生则是教学主体。而在多模态、多媒体、多环境的教学模式中，学生是主体，教师则是创设环境、为学生提供丰富的体验的引导者。这三种理论都使学生在教学中获得了主体地位。除此之外，多模态、多媒体、多环境理论和生态化整合理论一样，都十分重视计算机和网络技术在教学中所起到的作用。

四、基于信息技术的混合式英语教学模式

混合式教学是在网络环境下融合传统课堂教学和网络信息技术的教学模式，尽管不是严格意义上的全新教育方式，“混合式教学模式将在高职英语教育中广泛应用”。其构建策略有以下方面：

（一）教学方法的有效整合

对于英语教学方法的探索，一直是许多外语教师关注的重点。一个好的教学方法能够帮助学生更快更好地掌握一门新的语言。在语言教学的发展过程中，诞生了许多不同的语言学流派，他们提出了许多不同的语言教学方法，比如，交际教学法、听说教学法、情境教学法以及自然教学法等。

英语教师最好能够使用混合方式。首先，教师应当对于不同的教学方法都有所了解和认识，找出它们的优势和不足，以及所适用的情况；其次，要对各种教学方法进行整合，在课堂综合运用多种方法，最大化其优势而弥补其不足之处，尽可能地取得最佳的教学效果。

（二）“混合式”师生关系的建立

由于网络技术在教学中具有越来越重要的地位，教师应当掌握网络课

程的制作，利用网络来传递学习资料，并学会使用互联网进行一系列的教学活动，比如答疑解惑、批改作业和评价学生等。教师需要不断地学习计算机知识，提高其应用技能，以利用计算机技术的优势来优化教学。除此之外，教师要在进行课程设计时，多与其他教师进行交流和探讨，使教学计划与网络体系中的高职英语课程内容保持同步。另外，教师还应当不断尝试新的教学方法和教学理论，以对其旧有的方式进行调整和完善，使教学手段更加丰富。

在混合式的教学模式下，师生关系也与传统模式中的师生关系不同。学生可以通过网络平台来自主学习，增长知识，从不同的渠道、视野和层次展开学习活动。这样，相比于传统的灌输式的方式，会产生更好的学习效果，也更有利于学生的个性化发展。在这一过程中，教师则起到引导学生进行学习和合作，调动学生的探究性和自主性的作用。

（三）英语课程设计的改善

计算机和互联网技术在教学中的应用能够更有效地推动学生的个性化学习，激发其创新精神。混合式教学课堂应当实现传统的教学和计算机、互联网技术的有机结合，不仅为教师提供指导学生的空间，而且能充分发挥计算机和互联网在教学中的独特作用。

在混合式的教学模式中，教师为主导，而学生作为教学主体，这与传统的将教师作为课堂主体的模式有根本的区别。为了发挥教师的主导作用，教师在教学内容的设计上，要将课堂内容与网络教学内容结合起来，开展针对性的练习，引导学生的个性化学习并为学生的学习提供充足的资源。教师不仅仅应当传授基本的教学内容，而且要利用网络技术，加入与其教学内容相呼应，但又具有一定的独立性的新内容。

在课程环节的设置上，教师在课堂教学和网络教学中，都可以按导入、自主学习、成果汇报和知识拓展这样的次序展开，为学生的学习提供更加高效的、全程的指导。

（四）综合性评价系统的组建

混合式的教学模式应当具有综合的评价体系。评价方式是多样化的，比如，教师可以通过教学软件，列出教学过程中的各个环节，及时地对各个教学活动进行评价。此外，为了更加方便地展开评估和反馈，以及时调整教学手段，提高学习效率，教师需要对学生的学习状况进行全程跟踪了解。最后，对学生的评价不应当由教师全盘负责，教师还要给学生进行自我评价和学生之间互相评价的机会。这样，不仅有利于学生的自我认识，使他们在学习中更加主动，而且能够促进学生之间的交流。

在当今的时代背景下，计算机和网络技术取得了极大的发展，而将其发展成果应用在教学中，将有利于教学手段的革新和教学方式的进步。因此，混合式教学在综合地利用多种教学理论、技术和手段来展开教学活动时，应当注重网络技术在教学中的应用，将传统的课堂教学与数字化的教学手段结合起来，充分利用网络课堂所具有的高交互性的优势，建构起基于网络平台的评价体系。这样可以整合传统课堂教学的优势与网络教学的优势，使新的技术手段和以往经验在课堂中的效用最大化，使得高职英语教学的质量进一步提高，也使教学活动变得更加高效。

第三节　基于信息化的师生英语课堂互动

一、英语课堂师生的互动模式

"互动"较早出现在英文中，常以"interplay"或"interaction"来表示，意为"相互作用、相互影响"。在中文里，"互动"原属于社会学术语，指人与人之间的相互作用，强调人与人之间的相互影响的方式、过程和相互关系。计算机科学中交互技术的出现和互联网的普及使得"互动"一词在教育领域得以逐渐广泛运用。在归纳上面的释义后，可见互动需要突出相互作用、相互影响的特征，简而言之，"互动"是互动主体间的一种相互交流与沟通形式。英语教学属于语言教学范畴。语言是人类最重要的交际工具，要进行交际必然产生互动。因此，互动在英语教学过程当中具有重要的意义。

（一）传统师生课堂互动模式

国内外学者从不同的研究角度对师生互动模式进行了研究，对其进行了不同的划分。

1. 教育社会学领域的师生互动模式

在教育社会学领域，学者主要是从角色及其相互之间的行为过程的角度来探讨的。课堂师生互动行为分为教师中心式、学生中心式和知识中心式三种；按照师生互动过程中权威的主导地位将师生互动分为三种基本类型：师权型、生权型、平等型。这些研究都只是抽象地从宏观的角度解释课堂师生互动的，缺乏对具体英语教学情境的分析。教师在课堂上以传授知识为主，虽然也包括情感方面的互动，但是对于实际的英语课堂教学中学生互动参与课堂只能提供理论指导。

2．语言学视角下的师生互动模式

在语言学领域，以话题和活动为划分依据，指出课堂互动有四种不同的类型：第一类是话题和活动都较少的互动，如小范围的交谈；第二类是话题较多、活动较少的互动，如课堂讲解；第三类是话题和活动都较多的互动，如采访；第四类是话题较少、活动较多的互动，如重复与替换练习。话语互动是英语课堂上师生之间进行互动的主要形式，但是语言学视角下的师生互动类型突出了以教师为中心的课堂，忽略了影响学生参与英语课堂的因素，如教师的性别、人际交往风格、设计课堂活动的类型和学生的英语水平等因素都会影响英语课堂互动的效果。

3．教育心理学视角下的师生互动模式

课堂上师生的心理状态和课堂气氛对师生的互动活动具有重要的影响。因此，学者在教育心理学领域对师生互动进行了一系列研究。另外，依据师生之间的情感、态度和教师的行为作风将师生关系分为三种不同的类型：专制型、放任型和民主型。在班级课堂教学中，师生关系是影响教学质量和效果的主要因素之一。总体而言，这些观点可以解释英语课堂上某些师生的互动行为，但是只有在具体有意义的英语课堂里才能充分发挥其指导作用。

4．教育学视角下的师生互动模式

教育学视角下的师生互动片面地强调“动”的形式。传统的英语课堂中存在放任型互动、启而不发型互动等现象，并不是所有的学生都有机会参与有效互动。因此，这样的课堂教学不能很好地调动学生英语学习的积极性。师生互动模式的实现，需要教师和学生共同参与，相互配合。有效的师生互动不仅可以提高课堂的教学效果，还可以帮助学生培养沟通合作、独立思考等能力。同时，师生互动也应该注重学生的个性差异和需求，实现个性化的教育。

（二）“互联网+”环境中的高职英语课堂师生互动模式

近年来，基于计算机网络的信息技术与外语课程整合的理论研究和方法已经引起了教育界的关注，慕课、微课等辅助教学手段也走进了高职英语课堂。由于传统的高职英语课堂师生互动研究主要注重的是人与人之间的互动，而基本不涉及人与技术、人与环境、人与资源等维度的互动。

众所周知，语言学习的最佳方法是在真实的语言环境中进行学习。教师在进行“互联网+”环境中的英语课堂的教学设计时需以建构主义理论和输入、输出理论为指导，控制调整“互联网+”环境中教师的课外行为，创设有意义的英语学习情境，从而使学生获得更多语言输入和输出的机会，并在这个互动的过程中根据学生课内、课外参与的程度及其反馈不断调整，最终实现整个英语课堂教师和学生的认知互动和情感的互动，达到师生共同主导英语学习的效果。学生在互动中学习和修正英语的表达方式。可见，“互联网+”环境中的高职英语教学活动表现在师生互动、生生互动的交互过程中。

二、信息化背景下高职英语课堂互动提议

（一）教师的教育教学理念的转变

要想在课堂教学中加强师生互动，就要充分尊重学生的主体性，积极引导学生参与到课堂活动中来，因此就要改变教师的教学理念，使其真正践行“以学生为中心”的人本主义教学理念。学生的主体性主要表现为学生与教师交流的积极能动性和独立思考性。对学生主体的充分尊重有利于学生对外界信息的接收、分析和加工处理。而且学习的过程并不仅仅是学习者掌握知识的过程，还是一个“学会学习”的过程，是一个学会从现实世界中学习并运用知识和经验的过程。教师在课堂教学中，不应该仅注重知识学习情况，还要从学生和社会的实际需求出发来拓宽课堂师生互动、学生对话交流的渠道。面对学生的个性和智能差异，教师要学会区别对待，因材施教，合理设计课堂活动方案，给予学生均衡发展的机会。

（二）师生角色的转换

在高职英语课堂中的师生交流，不仅是教师传授知识，帮助学生解决语言问题从而提高其语言能力的过程，还应该是一个在平等地位上，师生进行

情感沟通的过程。教师应该重新定位自己的角色，做学生的引导者、交流者和课堂活动的组织者。教师应引导学生寻找与学习相关的资料并进行分析，加强学生和学生间的交流活动；在课堂上鼓励学生提出质疑，鼓励学生对自己感兴趣的内容和话题跟教师和同学交流彼此的看法，对某些课题进行深入研究。师生间的合作是一个双赢的交流过程，师生间通过共同探索以及分享新知识，在互动过程中彼此理解及认同，一方面，可以促进学生创造性思维的发展；另一方面，教师在指导学生时也能得到启示，更新自己的知识，从而提升自身素质。

（三）学生参与课堂的权利肯定

在课堂师生互动中，教师应该提倡全体学生的主动、积极参与，只有这样，才能培养学生探究性学习的能力。教师要尽量做到分层互动，在设置课堂提问时，要了解学生兴趣所在，设计能引发学生共鸣的问题，同时要考虑到学生英语水平的差异化，把握问题的难度梯度，层层递进，让不同层次的学生都有机会并敢于发言，参与互动。教师也应尽可能采用开放式提问，让学生根据信息的输入情况和自己的所思所想，畅所欲言，鼓励学生说出预想之外的答案，创造性地回答问题，只要学生的陈述是合理的，就对其给予高度评价，以让学生的主动性得到更好发挥，提升课堂教学的效果。

教师要根据学生现有的能力水平以及学生的个体差异，设计并开展合适的课堂活动，实现全体学生的有效参与，同时还要强调对学生团队合作意识的培养，重视人际关系的和谐。在教学中，教师应根据专题，让学生分组进行活动，为学生提供更多的语言实践的机会，让学生在交流和讨论中，学会表达自己的想法以及尊重他人的观点，取长补短，在合作交流中设计最佳方案，积极自愿地参与课堂活动。

（四）课堂教学评价机制的完善

教师应该以发展的眼光担任学生学习情况的评价者，根据学生的不同状况，选择合适的评价指标，给不同的指标赋予不同的权重，引导学生发现自己的学习过程中存在的问题，从而使其进行更深层次的学习并从真正意义上提高其学习主动性。教师评价应该从以下三个方面着手：

1. 内容多元化

教学评价的内容多元化强调的是在评价过程中考虑多个方面，包括但不限于学生的知识掌握、技能提升、态度变化、价值观发展等。对学生的评价不仅要从学生对知识掌握的准确出发，还应考虑学生的综合能力提高与否。对学生团队合作能力的评价、创新能力的评价以及知识应用能力的评价等都应在教师对学生的评价中占一定比重。

2．正面、积极的评价

教师应该以积极评价为主，消极评价为辅的方式与学生开展互动交流，发掘学生答案中的闪光点，运用合适的方式指出学生答案中的错误。比如，教师可以避开对学生错误的直接点评，在接下来的交流中，运用正确的表达方式，并通过问题设置，给予学生再次表达的机会，用亲身示范来引导学生自己发现并更正语言中的错误，避免学生在使用英语的过程中产生焦虑感。

3．增加个人情感的投入

教师除了要在教学理念上给予学生情感和精神世界充分的尊重外，在课堂互动中，也要跟学生进行平等的情感交流，多给一些积极的情感反馈。积极评价和肯定用语是激发学生参与课堂交流的最好助推器，对学生情感的关注会让学生在心理上向教师靠近，更愿意与教师进行互动交流。

互动和双向交流对于英语课堂的积极意义已是共识，而作为互动形式的设计者和实施者，教师只有走出流于形式、为了互动而互动的“窠臼”，设计出真正有意义的互动内容，结合“分层互动”等旨在让全体学生共同参与的互动形式，同时充分重视纠错、评价等细节，英语互动课堂的积极性和有效性才能真正体现出来。

第四节　全球化下信息技术与教师专业化发展

随着现代信息技术的不断发展，网络已经成了人们获取信息的重要工具。改变教师的教学方式以及学生的学习方式是提高教学质量的重要途径。现代信息技术的发展正在对传统的教学理念、内容以及教师的教学方法产生深刻的影响。信息技术的发展对于英语教师专业发展有着重要的促进作用。英语教师专业化发展，必须明确教师专业化发展的标准，具体包括以下方面：

一、教师专业化标准

（一）学生与语言文化的多元化了解

了解学生的学习及成长的多元化特点，洞察性地了解学生，与学生建立建设性的关系。教师要熟练运用英语，理解学生通过何种途径习得母语和英语的过程，明白两种语言的习得机理，理解学生学习心理及语言和读写能力发展的过程，以此为基础，掌握如何开发学习策略，以调整课程，以满足学生的需要。英语教师要知晓文化动态并尊重其多元性，了解所教学生的文化面貌，理解学生，促进他们建构成功的学习经历。

（二）学科知识内容与学习意义的掌握

教师要了解学科主题，综合理解教学内容，制订教学目标、设计课程和教学，促进学生学习，将学科知识与语言概念习得的知识结合起来，制订完善的课程决策。将学生视为资源，采取各种行之有效的方法使学生用有意义的方式接触、探究和理解知识，建构学生学习、应用知识和独立实践的能力。教师提供多元途径，开发各种教学策略，整合语言和教学内容，注重学生之间的差异，有效利用时间，为学生提供多种发展途径，以促进学生综合运用语言的能力。

（三）教学资源与学习环境的升级

现在多媒体和信息技术的广泛运用，提高教师情境教学的可行性，给予教师更多的选择和灵活性，教师在教学过程中合理利用整合多种教学资源和教学模式，促进学生听说等能力的全面发展。教师要创设一个温馨和谐的语言环境和积极的课堂环境，利用有效的教学手段，满足学生独立地或合作并发展自己语言能力的需要，鼓励学生伦理价值观的发展。

（四）评价与反思实践

教师利用多种评价方式，获取学生学习和发展的有用信息，促进学生反思自己的进步，提供给学生和家长真实的信息。教师在教学的过程中及过程后都应不断反思、分析、评估其教学实践的有效性，反思个人成长以及专业成长和发展。

教师的专业化发展，离不开我们对这些标准的认知。教师教育信息化既是教育信息化重要组成部分，又是推动教育信息化建设的重要力量。同时强调“教师教育必须加快信息化进程，加大信息化建设的力度，为全面提高教师信息素养奠定坚实的基础”。在信息化进程日新月异的今天，随着信息技术的普及和推广，信息技术在英语教学中扮演着重要的角色，它对于英语教师专业发展也起着举足轻重的作用。

信息技术的利用以及教师与学校，教师与社区、社会等的互动日益加强，这对教师尤其是英语教师而言不仅是个拓宽视野，与同行交流经验的机会，也是及时更新教学理念，改进教学方式的好机会。在这种背景下，我们要以一些教师在实际教学中信息技术的利用对其教学能力和教学效果的提高为切入点，探讨全球化背景下信息技术与教师专业化发展的深层关系，为教师的个人发展提供理论指引。

二、英语教师专业化的趋势

随着知识全球化、技术化、信息化趋势日渐明显，外语人才培养与实际需要的矛盾越来越大，外语教育已跟不上社会发展需要，制度性提高学生的外语水平培养已跟不上时代的步伐。培养更具国际竞争力的复合型人才，在实际的教学中要与学习者的主动要求相适应，重点培养他们的外语实际应用能力，这就对外语教师提出了更高的要求，教师专业化发展已经成为教师教育改革的必然趋势。

英语是一门语言学，英语教师要高度专业化，既要遵循教师专业化的理论体系，又具有更为丰富的含义。这不仅体现在知识学习上，更体现在信息技术掌握方面。现在学校中要求英语教师用英语组织教学，并利用多媒体技术呈现教学内容，运用合理的课堂管理手段有效地组织学生的学习，这就要求英语教师利用信息技术和多媒体不断地学习先进的英语教育方面的知识，提高素质，加强专业发展。

三、信息环境下的挑战与机遇

（一）信息环境下英语教师的素质的提高

传统英语教师的专业素质为“师德、专业知识和教学技能”，信息环境下教师的专业素质为“师德、专业知识、学科实践和信息技术”，这是社会知识化、知识信息化、教学网络化、文化全球化时代带来的重要变化。英语教师不能再用旧知识来教学，英语专业知识和实践技能也必须与时俱进，不断进步。

（二）英语教学的更高需要

在信息技术发展的今天，课堂和教师不再是学生获取知识的唯一途径，学生可以通过网络学到很多新的知识，在某一领域超过教师，英语教师的知识权威受到挑战。另外，新课程要求英语教师由原有的知识的传授者变为学生学习的指导者和帮助者。这些都对教师提出了更高的要求，英语教师必须有更宽的知识面和更深入的专业知识才能适应未来教学的需要。

（三）英语教师发展的必然趋势

随着社会信息化程度的提高，社会对于英语人才的需求越来越大，要求也越来越高。信息社会所需要的英语人才必须具备良好的信息素养，而英语教师理应承担起培养这种素质的职责。英语教师只有走专业化发展的道路，根据自己所拥有的信息化设备，提高自身专业素质，才能培养出适合信息社会的高素质人才。

四、英语教师专业化的方法

（一）教师专业化发展平台的搭建

“对于教师专业化发展的定义和认识随着教育的沿革不断深入”，为教师进修、培训和学习创造机会。教育部门制订出有效的英语教师培训学习方案，以达到在短时间内更新英语教育观念、提高英语教育教学技能的目的，主要包括三点：第一，外语教育理论的学习；第二，英语专业素养与能力的培训；第三，现代信息技术辅助教学的培训。

（二）发展目标的制订

教师的发展目标的制订要切合实际，根据自我的能力、追求结合学校发展的要求来拟订，学校根据目标对英语教师的工作学习进行指导，并作阶段性考查与评判。

（三）教学技能大赛活动的举办

以学科组、年级组为单位开展英语教师技能大赛。活动前统一思想，提高认识，制订切实可行的方案；活动过程认真有序，稳步推进；活动目的明确，通过竞赛的形式，提高教师在新课改理念下运用多媒体手段教学的能力和贯彻落实以学生为主体的课改理念。

（四）英语教师的文化视野的拓宽

学校领导积极创造条件，与走在课改前列的其他学校联谊，开展教学交流活动，能极大地调动教师工作热情和学习积极性，有利于吸取其他学校在办学、英语教学上的先进经验。这种活动形式，能够有力地促进英语教师的快速成长。

第五章　基于信息化视角的英语教学模式创新

第一节　现代英语微课教学模式及其创新

对英语教学来说，网络是一场革命。它使用了多种媒介，改进了英语教学手段，提高了教学效果。

一、现代英语微课教育模式的阐述

在国内，随着微课实践的不断丰富和相关研究的逐步深化，人们对微课的认识也越来越深刻、全面，在不同的语境下有不同的内涵。广义的“微课”可以囊括“微讲座”“微课程”“微课教学”三种含义。尽管“微课”的理念、形式和实践早就有了，但借助当代信息技术与通信技术，微课演变成为一种可普遍推广的教学行为，一种由普通教师而并非需要专业人士就可以设计开发和记录优质教学资源的手段，并因此而促发催生多种基于微课的创新性教学模式。

“微时代”，指人们以各种小巧便携的移动终端为载体，通过微博、微信等随时随地了解全球资讯的时代。在教育领域，微课正在开启教育的“微时代”。随着移动通信技术、社交媒体的逐渐运用以及以开放、共享为理念的开放教育资源运动的蓬勃发展，微课作为一种重要的教育资源，日益成为教学模式改革的崭新尝试。

微课又称微型课程、微课程，内容“小而精”，能够有效解决教与学过程中的重点、难点，以一定的组织关系和独特的呈现方式营造主题式的单元“小环境”。微课不同于传统单一资源类型的教学课例、教学课件、教学设计等，而是新型教学资源。

因此，微课能充分利用移动信息技术，切合信息时代学生的认知特点，让学生自由选择时间和空间对课堂教授内容进行深入学习，并且通过师生在线交流使教与学相互促进，为传统课堂教学提供重要补充，有利于提高教学实效性。

（一）微课教学设计模式探索

1. 教学设计与微课教学设计

教学设计是教师在进行教学活动之前，根据教学目的要求，运用系统方法，对参与教学活动的诸多要素所进行的一种分析和策划的过程。教学设计必须依据授课目的及效能，从整体上考核授课过程中的各个环节以及中心内容，同时对整体和局部进行调整，以便于设计周期短、中心准、内容关键的课程。

影响微课质量高低的首要因素就是微课的教学设计。合理的教学设计首先是保持学生注意力的最佳方式，其次才是微课的表达形式。

针对重难点知识，微课教学设计应使微课具有高内聚、低耦合的特点。内聚就是指微课内部各个知识模块之间关系的紧密程度，耦合就是各个微课之间的知识关联的紧密程度。所以，高内聚要求单个微课描述的知识要紧凑、要独立，低耦合则强调了微课与微课间的联系要少，这样才能使学习者更容易明白。针对综合知识的微课教学设计则要加强知识之间的联系，使学生能够综合运用所学知识。

2. 微课教学设计的模型建构

教学设计的系统模型在微课中的应用，结合高职英语教学的特点以及人们对教学设计过程模式的理解与认识，从而形成了微课的教学设计模型。

（1）学习需求分析。授课体系有特定的目的。授课目的明确，有利于对授课体系情景进行解析。教师需要按照多方的教学体系情景条件去明确授课体系的目的。这是制订授课计划的思维点。教师在制订授课计划前，一定要对授课体系的情景进行解析。这一过程就是学习需求分析。只有解析学习需求，才能明确授课计划的目的。教师在进行学习需求的解析时，一定要处理解决好教师“教学的目的”、学生“学习的目的”这些关键问题点。

（2）科目分析。依据授课目的的指向，不同年级、不同学校有不同的培育目的，不一样的科目有不一样的科目目的。教师应依据科目目的，明确科目的条件，选择授课素材。基于此，教师应按照科目的综合目的，明确部分目的，在明确过程中，重点分析学生应该习得什么学识及能力，实现怎样的目的及水平甚至得到怎样的技能及心态，让自我的身体和心理获得怎样的进步。科目分析和学生需求分析息息关联，教师不但需要思考怎样授课，还需要思考学生如何习得全部知识。概括而言，教师在进行科目的分析时，一定要处理教师授课内容、学生学习内容这两方面的问题点。

（3）授课目的的设计。教师应基于学生需求、课程及学生自身的情况，制订相应的授课计划。授课体系方式及授课论点的重要内容包括：授课目的需要在授课之前得以确定，授课计划需要教师解释清楚学习成效，且用实际的、确定的专业用语来表达；授课前，教师一定将授课目的清楚地传达给学生，让学生都了解并明白授课的目的，授课要张弛有度。相关学术研究人员表示：应该按照学生经过一段时间的学习之后希望完成的方式明确授课目的；清楚详细的授课目的有助于授课战略的确定及授课媒介的抉择，而且为授课评价提供了根据。

（4）授课策略的设计。在明确了授课目的后，教师也应明确授课策略。授课策略可分为两类，即普遍性授课策略和具体性授课策略。其中，普遍性授课策略指的是与详细的科目学识及技巧能力息息相关的策略，如动力推进策略、主动学习策略等。具体性授课策略指的是与实际学识及技巧授课方面有关的策略，如写作授课策略、英语读写授课策略等。

授课策略为达到授课目的的关键方式，属于授课计划研发的关键部分。授课策略主要涉及科目的种类及构架、授课的程序、授课行为、授课方式、授课时间等方面。

授课策略的设计应该考虑许多方面。教师一定要巧妙地计划各方面，合理地利用多方元素，来充分发挥授课策略的功能。

（5）授课工具的设计。过去教师使用的授课工具主要是黑板及粉笔，但当代科学技术的发展使得教学工具日新月异。因此，可供选择的授课工具变得多样化。教师不但需要选择授课工具，还应该根据实际情况去规划授课工具。授课工具的规划要以授课的事实情形及详细条件为根据，把授课方式转变成纸质抑或音频之类的便于使用的方式，将课程完全呈现给学生，让学生可以消耗较少的精力，通过简单、方便的方法，来取得更高成效。

（二）微课在英语教学中的应用

微课是一种全新的数字教学形式，依托网络平台展现课堂教学中的精华部分。英语学习非常需要学生在平时进行积累，微课能够让学生在任何时间、任何地点反复学习。而教师也能够通过观看微课进行对比纠错，提升自身的课堂教学水平。微课是一种非常有价值的辅助英语课堂教学的教学方式。然而，由于微课产生的时间非常短，教师对于微课在英语教学中的应用还存在许多问题，针对这些问题，提出相关的对策建议，提升微课在英语教学中的有效性，对于提高学生英语学习的效率有着重要的作用。

1. 微课在英语教学中开发及应用的实践方法

（1）依据学生实际需求，合理设定微课内容。教师应该根据学生学习语言的具体需要来确定微课的开展方式，教学的内容须合理而丰富，以便获得预期的教学效果。高职学生学习语言的需求主要有两个方面：一是学习一些英语课程的基础知识；二是提高自身使用英语的技能。教师可以以此为目标来设计微课。针对学生学习基础课的需求，微课中要包括大学四、六级考试的相关内容。教师应根据高职英语的教学目标，按不同的内容和顺序来设计微课的内容，如语义知识和篇章结构知识。

对学生进行听力、口语、阅读及写作能力的培养也是高职英语教学的目标，教师应该据此目标制作一些相关的微课视频，以方便学生根据自己的需要来选择学习内容。将微课引进教学过程后，教师应当及时建立起一个方便、快捷的交流平台，引导学生在这个专用平台上开展交流，讨论遇到的问题，从而潜移默化地提高他们参与微课的热情。

（2）重视教学经验总结，完善高职英语微课教学模式。在高职英语教学中引进微课的形式，对于促进高职教学改革意义重大。在高职英语教学中推广和运用微课的模式可以推动微课研究的深入开展。学校和教师应当从微课的教学实践中总结经验，不断更新微课的授课内容和教学方法，在教学的过程中发现问题、解决问题、积累经验，争取创建并发展一套科学实用的微课教学理论，并使之成为微课教学不断取得进步的基础。直接面对学生的教师应当结合自己的角色优势，边摸索、边分析、边总结，将自己的教学实践经验同微课的教学理论结合起来，努力探索新的、可以与微课相辅相成的教学方法，使微课教学的优势充分发挥出来，使高职英语教学改革稳步向前推进。微课具有便捷、开放、活泼、丰富的特色，这种教学模式可以成为大学教育的一种新思路和新方式。在制订微课教学计划时，教师不仅要使之与教学目标和计划相符，还要考虑学生学习语言的需求，对课程做出合理的安排，建立起可供学生交流互动的优质平台，以获得预期的教学成效，使得高职英语教育变得更具实用性。

2．微课在英语教学中的应用过程

微课在英语教学中的应用过程由三个环节构成——课前准备、课中授课、课后反馈。

（1）课前准备。在此期间，教师主要应从三个方面进行准备。首先，根据全班学生学习英语的基本情况拟订一个科学合理的学习计划，要充分利用学生的闲暇时间，让学生在课前一边观看微课，一边拟定一种适用于自己的学习方式，这样学生在上课之前就已经体会到浓浓的学习氛围。其次，通过所制订的学习方案，让学生清楚地明白本堂课的教学重难点，再根据学生英语学习的基本情况，编写一个容纳所有教学重点的导学案，以此来激发学生的学习热情，让学生积极投入学习中来。最后，要在备课的时候认真钻研教材内容，预先勾选出教学中的重难点，让学生在课前就翻阅资料进行预习，挑出某些内容可能涉及以前学过的句型、语法，并让学生对其进行复习，以加深印象。

（2）课中授课。课中授课阶段主要有四部分内容：第一，导入课题。这一部分尤为重要。只要导入成功，就可以大大提高学生的学习热情。所以教师可以用讲故事、说笑话、做游戏这样的活动切入课题。第二，借助微课来讲解本堂课的具体内容。通过由浅入深的分析，教师应将所授内容进行归纳整理，以帮助学生对知识点的掌握。第三，借助做习题的方式让学生加深印象，并且将所学知识用于实际。教师能通过这种方式来检查学生对知识的掌握情况，对于出错率高的知识点应该再次讲解分析。学生也能通过做题了解自己知识的薄弱点，并可以选择当堂询问教师，也可以选择课后去学习理解。第四，知识延伸。首先，教师为学生解惑释疑；其次，回顾本堂课的重要内容，再借助做习题的方式检查学生对知识点的掌握情况；最后，在学生已经熟练掌握所学知识的条件下，让其进行更高层次的知识的学习，开阔学生的视野，拓宽学生的知识面。

（3）课后反馈。课后反馈阶段主要有三部分内容：第一，课后的作业布置。教师应在下课之后布置与课程内容相关的题目，以检查学生对教学内容的掌握情况。第二，学生的自主温习。学生如果在课内未能消化理解部分内容，可在课后找到相对应的微课视频进行再次学习；当然，在温习功课的时候也可以选择再次浏览微课视频。这样做不仅能帮助自己梳理所学知识，还能再现课堂内容，加深印象。第三，学生的互动讨论。学生若在学习上遇到困难，可以借助微课视频与同学们进行探讨。通过讨论这个环节，学生不仅解决了问题，还巩固了知识。

总而言之，微课是通过影像的方式展开教学的，它具有简短精练、运用方便、传递知识快捷等特征，成功战胜了传统的灌输式教育模式，提高了学生的学习热情，让他们在英语学习上化被动为主动。微课的诞生将颠覆传统的教学模式，它将知识要点放在一个教学视频内，虽然教学内容少，但重点突出，具有针对性；虽然视频时间短，但把时间交给了学生。学生只要在这短短的几分钟内认真观看视频，就能掌握基本要点，其后的时间可以自主钻研。它真正做到把课堂还给了学生。

（三）英语教学中微课教学模式的类别

1. 情境式微课教学模式

情境式微课即发生在特定时间、特定场合下的微课。情境可以是一种社会环境，与每个人的个体有着紧密的联系；情境也可以是一种心理状态，关乎着个体在社会事实作用下的心理状况，因为不同的环境和空间对每个个体有着不同的影响。可以说，情境是一种关乎社会学和生物学的自然环境或社会环境的变化，专门指代能够引起个体心理变化、情感表达、思维感知的特定环境。因为英语学习者在学习的过程中，可能会受到社会层面或个人层面的情境的影响，所以教师要用真实情境中的各种问题来对学生进行思维的启发，让学生在不同的情境中有不同的思考。情境给学生带来了学习与思考的创新空间，刺激了学生在学习过程中的智力发展，是一种能引导学生发现问题、解决问题的环境或信息源。

课堂的引入要重视创设情境、设置任务，要激发学生的学习兴趣，关注学生的内心体验与主动参与，把学生带入与教学内容有关的情境中，让他们在情境中捕捉各种信息、产生疑问、分析信息并引发各种设想，引导他们在亲身体验中探求新知，开发潜能。

（1）情境式微课教学模式设计。在情境式微课中，情境的创设要贴近生活，以吸引学习者，使学习者产生共鸣。

知识的讲解要注意层次性，注重引导学习者思考。教学媒体的选择要契合表现形式，注重直观形象。问题的讲解要注重情境的延续性，最终使学习者要解决情境中的问题。教师在进行总结考核时最好设置一些问题，来检验学生的学习效果。如果学生存在没有掌握的知识，可重新对其进行学习。

（2）情境式微课的适用场合。生活展现情境能使学习者直接地感知目标，易于在观察中启发学生进行想象，适用于认知类、思政类和素养类课程。音乐渲染情境适用于大学语文、大学美育、体育类课程。表演体会情境适用于情景剧式课程。在语言描绘情境中，语言要具有主导性、形象性、启发性和可知性，比较适用于素养类、讨论式的课程。

2．探究式微课教学模式

探究式微课是指教学过程中，在教师的启发诱导下，以学生独立自主学习和合作讨论为前提，以某个知识点或者技能点为基本探究内容，以学生周围的世界和生活实际为参照对象，为学生提供充分自由的表达、质疑、探究、讨论问题的机会，让学生通过个人、小组、集体等多种解难释疑尝试活动，将自己所学的知识应用于解决实际问题的一种课程形式。探究式微课旨在让学生像科学家进行科学探究一样在探究过程中发现科学概念、科学规律，培养学生的探究能力和科学精神，引导其找到解决问题的方法。具体包含两层意思：一是从教师角度来看，即探究式教学；二是从学生角度来看，即探究性学习。在教学过程中，教师和学生的作用是相互的，不能分开的。

探究式微课教学模式，就是在探究教学理论的指导下，以教学实践和教学经验的探究为基础，培养学生探究能力、探究精神、科学态度、学习方法，由不同模式的探究方法组成的一种教学策略和教学活动，这种教学模式不仅有理论上的基础研究，还有教学目标、教学条件、实践程序等操作过程。

探究式微课需要师生同时参与进来，教师和学生一起探究教学活动，其目的并非培养少数的精英和人才，而是培养有素养、有科学意识的公民。教师在开展探究式微课教学模式时要注重学生的存在，以学生为中心来开展智力培育和情境交流活动，通过学生的不断探索来获取知识。在学生探索的过程中，教师要辅导学生解决问题，不仅要以学为中心，更要以学生为中心。这种教学模式有助于对学生的素质教育和创新能力培养，并且符合基本的认知规律和自然科学的发展。探究式微课教学有以下特点：

第一，教学过程的主体性。探究式微课教学模式突出了学生在教学过程中的主体地位，教师主要应指导学生进行自主探索和自主研究，鼓励学生的大力参与和充分研究，让学生更好地发挥主体地位的探究作用。

第二，探究学习的自主性。在探究式微课教学中，学生在教师的指导下自主参与教学的全过程，只有依靠自己的自主研究，才能获取相应的知识内容。单纯的知识灌输将不复存在。

第三，情境创设的问题性。科学探究需要有出发点和动力来刺激推动，提问就能起到一定的推动作用。在教学过程中，教师对学生提出丰富精彩且有挑战的问题。这可以促进学生的积极互动和交流，提升学生的问题意识，提高学生的思维创造能力。探究式微课教学要以问题为核心和导向，以有趣的问题、符合学生兴趣的问题来拓展学生的思维，平衡好学生喜好和教学任务之间的关系，充分关注学生内心动态。

第四，信息交流的互动性。探究式微课教学注重学习过程中的交流与互动，既包括小组之间的交流，又包括全班的互动交流，不同于以往的传统教学模式，探究式微课教学模式强调师生之间以及学生之间的互动交流，让教师与学生在课堂里互相沟通、进行有效互动，共同构成学习的小团体。师生之间的互相学习也能促进每位学生表现自我、挖掘自我，让学生在学习过程中能够有更多的机会发挥优势和特长，激发其学习的动力。

第五，师生关系的和谐性。探究式微课以学生为中心和主体，以师生之间的交流合作为基础，致力于营造积极、活泼向上的课堂氛围。教师与学生之间的关系是平等的朋友关系，是民主的学友关系。教师传授讲解是为了让学生更好地理解，方便学生更好地学习。这种氛围下的教学可以促进学生更快进步，激发学生的学习主动性和积极性。不同于没有师生沟通交流的生硬和死板性课堂，这种模式下的课堂感染了师生彼此的心境，防止了学生产生厌学情绪和排斥情绪，大大提升了学生的积极性。

第六，教学要求的针对性。不同的学生之间也会存在着差异。每位学生的出生环境、教育背景、心路历程、学习态度、后天努力程度甚至先天情况都会对学生有着不同程度的影响。这种情况下，传统的教学模式并不能区分学生之间的差异性，导致学生之间的获得感相差甚远。对于一些学生能够轻松掌握的知识内容，另外一些学生却感到吃力。这导致了两极化的形成。探究式微课不同于传统的教学模式，它将学生分成不同层次来有针对性地创建教学任务，更有针对性地培养学生，实现了课堂的最高效率化。

第七，教学评价的激励性。以往的教学模式是教师单方向评价学生，而在探究式微课中，教师与学生之间通过互相评价、自我评价、组合评价等构成评价模式。该评价模式可以促使学生进步和提升，大力开发其潜力。评价可以促使学生自我感知，尤其是表扬性质的评价和教师对于学生的评价可以促使学生取得更大进步。因为不同程度的表扬和不同情况下的表扬，都能帮助学生产生自我满足感。

总而言之，探究式微课教学模式设计就是指教师通过适当地将知识点与技能点结合起来，创设生活中与专业相关的教学情境，以问题为中心，采取合作交流的方式，引导学生通过实验、观察、操作、调查、信息搜索等方式，让学生自主地解决问题的教学设计。

探究式微课是一种以学生为中心的教学模式，主要强调学生主体地位，倡导学生自主、合作、科学的学习方式与策略。然而，微课教学模式设计因为以教师为主要讲解者，所以强调教师的角色扮演问题，应既可以让学生提出问题，又可以让教师扮演学生角色提出问题、探究问题、解决问题。探究式微课教学模式设计包括提出问题、产生假设、验证假设、总结结论四个环节。

（四）微课教学模式的发展方向与应用前景

1．微课教学模式未来的发展方向

如今，整个社会大环境处于一个“互联网+”的时代，一个移动互联的时代。这个时代给教育学习带来的变化是非常大的。首先，它会带来资源获取方式的变革，以前的教育是以“教育工作者、教材、教室”为中心，这些资源都是相对封闭、极其有限的，而且是趋于僵化的、静态的。例如，教育工作者反复在课堂上强调让学生放学后去预习功课，这个习惯一直延续到现在，然而却是违背教育规律的，不符合人性化学习原则。又如，教育工作者布置的课后作业是预习第几页到第几页的教材，可这些教材是由专家编写的，它们的表述严谨，教育工作者对这些教材还有不懂的部分，让对课本不熟悉的学生进行预习，这些预习往往是浅层而无效的。现在，教师把这些知识点做成微课，让学生放学回家后在家观看，通过直观的视频形式让学生预习新课。教师经过对教材的处理和设计后，亲自进行课件的制作，并将授课过程中的教学活动、声音、情感等融于一个微视频之中，让学生进行课前预习。相比于之前的教学预习方式，毫无疑问，这种教学方式也更加温和且富有情感。推动教育发生改变的动力是新技术、新资源和新课程。技术是具有相对独立性的，并不是跟着教育一同发展的。过去，技术被认为可以推动教育的发展；如今，技术被认为可以指导教育前进。从提出至今，微课仍是新生事物，微课建设的理论基础、开发

途径、应用模式等方面都有需要完善的地方，这就依赖于广大的教师队伍在实践中不断改进完善。

部分学者认为微课教学模式未来会在以下五个方面取得进展：

第一，在微课的开发方式上，摆脱“小微课”的束缚，从而迈向“大微课”的时代。当前的微课过于重视个体的微课设计和开发，视野过于狭小，零散、重复，碎片化。学生在使用时往往无迹可寻，其进行的微课学习经常是碎片化的，没有一个合理的整体规划。未来的微课建设是在专家的指导下进行的设计建设。微课从碎片化逐步走向有序化，从零散走向体系化。如学习主题、专题的建设，以围绕知识体系同步建设，建设成体系化的微课程。教师要引导学习者摆脱过于关注微课碎片化的束缚。同时学习者也要加强高效学习体验的应用。

第二，在微课建设的设计类型上，支持在线以及移动学习，微课的学习者的数量也将激增。相关调查结果表明，我国目前的微课类型过于单一，以知识讲授的类型为主，所包含的信息较多，容量过大，使用不便，且多是离线的应用方式，以下载观看、教室使用为主。未来的微课应用应该更加人性化，内容日益多样，类型多样，具有移动、在线学习等多种学习方式，以此来实现人人皆学、处处可学、时时可学。以手机客户端为主的应用程序的微课开发将会是新兴的热点。

第三，在微课制作过程中，交互式的学习方式、虚拟仿真以及 3D 学习技术将成为人们感兴趣的新方法。所以，在最简单的微课中，也要通过交互式的教学设计以及利用交互设计技术的方式来促进学生深度参与微课的教学活动中，与微课视频里的教师进行互动，解决所遇到的问题。只有这样的学习才是有效的。

第四，在微课建设主体上，未来的微课建设的研究开发人员不仅仅是教育工作者，建设主体将日益多元化。这同时也体现出了互联网时代的主要特征。教师、学生、家长等对微课建设感兴趣的人员，都可以对微课建设提出自己的创意和个性化的需求。在信息时代中，任何一个人都具有享用资源的权利。所以，从某种意义上而言，学生自己创作的微课视频，在教师指导下，学生制作的、教师与学生合作录制的微课，在当前创客教育中无疑是一种新类型，也是学习金字塔中所倡导的“学习者教会别人”的高效学习方式的新突破。

第五，在微课应用上，应用大数据的智能化的区域性微课平台将会激增。因此，相对于微课资源本身，进行微课学习与管理平台更为重要。微课平台设计要关注用户的应用体验，而不是对资源数据的管理。在符合在线教育的客观规律的同时，微课还要与线下的教学模式相协调。在微课平台的建设过程中，相关人员可以借鉴美国可汗学院的微课平台建设的经验。可汗学院的微课平台不仅是自主学习的个性化学习平台，更是学校的公用学习平台。实名注册、学习诊断、学习方法等模块是其基本功能。因为多数学生通常在学习社区中进行交流讨论，从而构建了一个大规模的学习交流社区，同时也产出了更多的智慧资源。所以，微课发展逐渐转向微课程和慕课的发展，以此来达到类似慕课的效果。

微课是一种以小视频为主的教学资源，并在教学应用实践过程中不断地发展，形成了微型网络学习课程系统。在当今信息社会中，随着新科技的迅速发展以及广泛应用，广大用户对学习方式的选择也呈现出多元化特点，加之智能手机、平板电脑、笔记本电脑等便携式智能设备的普及，微课的出现显得尤为重要，它顺应了时代发展潮流，符合教育发展规律，有助于自主教学、教学、合作教学、移动教学、远程教学的开展。虽然微课有了一定程度的发展，但终究还是一个新生事物，很多专家学者对微课有着不同的观点，也从不同方面指出过其不足之处。在信息时代的大环境下，微课的特点和本质决定了它在教育教学中具有广阔的应用前景和正确的发展方向。

2. 微课教学模式的应用前景

从微课的制作方法和形式上看，随着录制微课的硬件设备不断改进和软件技术不断更新，微课拍摄与制作技术取得重大突破，从而使微课的制作方法和形式向多元化方向发展。微课的形式不再是单纯的拍摄式微课、录屏式微课，画中画式的微课、交互式等微课形式相继出现。

从微课的制作人员上显示，随着教育和技术的发展，专业的微课录制团队出现了。专业的视频设计人员和学校一线的优秀教师相互配合，共同开发设计高质量的微课。微课的音质、画质、动画效果等会得到很大的提高。微课资源建设需要一线教师和相关企业的共同参与、相互合作。一线教师拥有的是他们多年积累的教学经验和富有创造性的教学设计，而相关企业拥有专业化的技术，双方合作能够实现共赢，共同促进微课质量的提升和资源的建设。

从微课的数量和资源结构得出，越来越多的微课正在出现和发展，从而促使微课的内容系列化，即某一学科或者某一专业领域不再仅有一些零散的微课，学科知识内容以相关联的微课串联在一起，各学科领域有一系列的具有内在逻辑结构的微课展示完整的知识结构，从而形成学科化的微课群，微课资源渐趋丰富。

从网络平台的完善上显示，越来越多的网络平台上增设了学习者能够相互交流讨论的区域，为学习者提供了反馈的通道。伴随着越来越多的人参与到微课的制作中和先进技术的应用中来，微课的数量不断增多，微课的质量不断提升，微课涉及的领域和层面不断扩展，开始形成系列化的微课体系，也许不久的未来就会出现高质量的微课群。

从学生的角度显示：一是在学习新知识时可以进行个性化选择。在学习新知识时，学生可以自主选择适合自己的或者自己喜欢的微课进行学习，个性化的微课能够满足学生的个性化需求。二是巩固复习时再次使用。微课为数字化视频，可以长久保存，方便学生随时观看，学习和巩固。可以说，微课是一种可以多次利用的教学资源。

从教师的角度得出，教师可以从其他教师制作的微课中学习他们关于某一知识点是如何进行设计的，学习他人采用的录制方法和形式等，这样能够促使教师之间相互借鉴，提升教师录制微课的水平，促进教师的专业发展。可以说，微课是教师专业发展的有效途径。

从学校的角度得出，各学科的微课、不同录制形式的微课，形成了系统化的微课资源，有利于促进国家课程的校本化研究。随着网络技术的发展，学校可以构建一个较为完善的教学资源库。这个教学资源库不仅仅包含微课，还包含教学设计、教学反思、教师互评、学生评价等各个方面的资源。由微课带动的教学资源库的建设利用，可以改变教师的教学评价方式和途径，实现信息的快捷交流与共享。微课的建设可以促进以微课为中心的教学资源库的构建，推动课程校本化研究。

从区域来显示，微课有利于实现教育资源交流与共享。某一区域内举办的微课大赛和相关研讨活动，院校之间进行的观摩学习、听评课、交流讨论、反思论证等，有助于区域化特色的形成。微课会推动区域的教学资源共建，实现微课的区域化。

从教学形式上得出，微课目前主要用于教育教学实践，尤其是翻转课堂教学模式之中；在线学习、电子书包、慕课等都会用到微课。以微课为核心的教学模式的创新和资源建设格局的形成，将会深化微课的应用和发展。

从以上方面可以看到微课发展的广阔空间，微课的应用前景让人无限期待。

二、现代英语微课教学模式的创新

（一）微课模式下的英语听力教学

1. 英语听力课程教学的改变

作为英语学习者必须掌握的一项基础技能，英语听力在交际活动中起着重要的作用。微课模式的兴起为英语听力课程指明了教学改革的方向，对该课程教学产生深远的影响。从积极方面而言，微课模式能使学生更了解英语听力课程教学目标，使其能自主选择学习的内容、时间、地点、交流对象，同时方便教师在管理后台收集学生的反馈信息，并相应调整教学内容。

2. 英语听力中微课参与式教学设计

听力理解是一个复杂的互动过程，而不是一个简单的被动接收过程。学生在注意重读、韵律结构、语调、句法及语义的同时需结合即时语境和特定的社会文化背景对话语进行综合分析理解。要完成这一复杂的心理活动，学生的注意力必须高度集中。学生在课后可以通过网络平台上的微课自行完成听力训练和测试。针对听力中出现的问题，学生可以通过电子邮件、微信等手段进行交流互动。课上，教师帮助学生解决在听力中遇到的困难，总结问题调整听力材料内容，同时结合听力情况有针对性地向学生传授听力策略，如定向注意、选择注意、自我管理、自我监控、自我评价、演绎推理等，并引导学生在听力过程中灵活运用这些策略。

采用微课模式的英语听力教学使英语学习从传统的单调刻板转变为自由灵活，对于提高学生获取和处理听力信息起到了促进作用，提高了学生的英语综合应用水平。微课教学提高了英语听力教学中学生的参与性，教学内容得到优化，注重学生的个体化需求和学习能力的差异性，主张学生应加强互动交流、共同进步，增强了听力教学的实效性，改善了教育生态系统。现在微课模式在英语听力教学课程的应用还处于起步阶段，为我们进行更全面、立体的调查研究和实践应用提供了发展空间。

（二）微课模式下的英语口语教学

计算机与多媒体技术的飞速发展与广泛应用为英语教学提供了有效的

现代化教育辅助手段，克服了传统教学媒体在承载信息的种类、能力以及使用的方便性方面的局限性，极大地改善了我国英语学习的输入环境，增加了学生接收语言输入的数量，丰富了语言输入的形式。因此，在教学实践中，只有在语言输入的基础上重视口头及笔头语言输出的作用，才能更有效地促进英语学习。

1．微课的网络环境下英语口语教学特征

在基于微课网络环境下，高职英语教学表现出以下特点：

（1）教学的资源越来越丰富。随着信息技术的不断发展，互联网上汇集了大量的知识信息，有些网站拥有非常丰富而优质的教学资源。对于很多口语学习和训练的资料及软件，人们都可以从互联网上免费下载。教师和学生都可以方便快捷地从互联网上获得大量的英语口语的学习素材，传统教学中资料不丰富、素材不实用的缺陷很好地得到了弥补。

（2）突破了学习时空的限制。通过网络进行学习时，学生将不再受到时间与空间的限制，学生在任何时间、任何地点都可以便捷地登录相关的网站开展口语的交流与训练。

（3）学生学习口语的热情和积极性被充分调动。互联网上一些英语教学的网站和平台会刻意迎合青年学生的心理特点和习惯，以声音、视频、图画、动画作为载体将学习内容呈现在学生面前，调动和激发起学生的学习热情以及积极性。

（4）个性化的自主学习更容易实现。网络上的知识浩如烟海，比教师及教材所能承载的信息量要大得多。学生通过互联网开展学习，有更多选择的空间，他们能够自主掌控学习的进度，从而提升了学习效果。

2．微课的网络环境下英语口语教学步骤

高职应当将网络技术引进到英语教学中来，在网络的基础上建立起高职英语口语教学的新模式，应引导学生登录网络进行英语口语的训练和学习。这种形式的学习使得学生不再受到传统教学局限性的影响，随时随地可以利用空闲时间开展口语练习。而且这种口语学习的方式比较直观、生动、活泼，有着很强的互动性，符合学生的喜好，能够调动起他们学习的积极性和参与热情，比较容易实现大学口语教学的目标。教师的教学应当以学生为中心，重点关注教师与学生之间、学生与学生之间的协作情况和对话情况。教师应当首先对互联网上的信息加以筛选和组织，再将之提供给学生，正确引导学生开展口语练习，有效提高他们的口语交际能力。教师可以按照先布置课堂任务，再进行课前教案准备，在课堂上展示资料，对学生的学习成果进行评价并向他们进行反馈，最后，进一步巩固并且提升学生学习效果。

基于微课的网络环境下，口语教学实验在整合教学资源、强调学生主体性方面发挥了积极作用。它代表着现代教育技术发展的最新趋势，不仅更新了教育理念，而且革新了教学方法，优化了教学环境。对该模式的进一步研究和探索必将促使高职英语教学更完善成熟。

（三）微课模式下的英语阅读教学

1. 微课在英语阅读中的应用的优势

（1）可以满足社会经济发展的现实需要。现阶段经济社会飞速发展，使用英语的行业不断增加，英语已经成为很多场合的必备交流工具。特别是在涉外国际贸易活动和外事活动中，英语的交流水平起着至关重要的作用。当今全社会对教育越来越重视，英语也是家长和教师关注的重点科目，因此，为了满足社会对于英语人才的需求，高职应当将微课引进高职英语教育中。

（2）创新高职英语阅读的教学模式。在高职英语教学中引入微课不仅能够创新高职英语阅读的教学模式，而且会有力推动高职的教学改革。微课是一种新型的教学模式。信息化是它的基础。这种教学模式能够显著提高学生学习英语的热情和兴趣，使一些学生在英语学习过程中的实际需要能够得到很大程度的满足。微课可以改变传统的教学模式，督促高职英语教师努力提高自身的教学水平，转变过去长期秉持的旧的教学观念，带领学生向着良性的教育改革的方向前进。将微课引入高职英语阅读教学后，也可以使教学的结构得到优化，推动高职加快教学改革的步伐。

（3）有利于构建新型平等的教学关系。以往多数高职英语教师在阅读课上习惯使用多媒体设备来开展教学，在课堂会将重点放在对阅读中的重点以及难点的讲解上来，通常都以人数很多的大班的形式来进行授课。在这种情况下，教师只能采取“满堂灌”的形式，因为人数过多会导致教师无法与学生进行互动。缺乏有效的互动和有针对性的辅导，教学就很难产生良好的效果。

2. 微课模式下的英语阅读教学方法

（1）创建以微课为主的英语阅读教学模式。把微课与高职英语教学结合起来的模式，能够使高职的英语教学保持一种良好的发展势头，实现全民化，体现实用性。所以高职教师应当彻底改变过去传统的教学观念，将学生作为教学的主体来对待，努力培养学生自主学习的能力，树立起新的以学生为本的教育理念。教师先要将英语教学的目标明确下来，提前构建和预设好一个微课教学的基本框架。与此同时，教师还要与学生进行充分的交流和沟通，要建立起一个方便快捷的交流平台，以便及时了解掌握学生的动态和需要。

（2）高效整合高职英语阅读教学资源。教师要有意识地整合高职的阅读资源，增加学生的词汇量，以保证微课的教学模式能收到预期的效果。在学习英语单词时，绝大部分学生采取的都是死记硬背的方法。实际上这种方法的效果并不理想。而利用微课开展教学时，教师可以充分利用微课的科技手段，让词汇“活”起来，通过动画、拟人的手法让单词变得易于记忆，如此可以吸引学生的注意力，提高其学习的兴趣。而且微课可对学生的学习效果随时进行检验。

（3）加强文化背景知识的学习。高职英语教学要把讲英语的国家的文化知识和社会背景融入教学的过程中。因为语言的教学同文化的背景有着非常紧密的联系，所以教师应当通过文化背景的讲解来增加学生相关的英语知识。这对于学生英语综合水平的提高大有裨益。在利用微课的过程中，教师可以将英语文化知识、社会背景资料、讲英语的国家的经济制度、历史地理知识等都制作成短视频，以帮助学生生动直观地了解相关的知识，提高其阅读理解的能力。

（4）促进学生间的自主学习与合作探究。微课教学有其非常明显的优势。例如，它用时简短，重点和难点突出，学习的方式灵活多样，使学生可以在此基础上便捷地进行沟通与合作。又如，教师可以预先布置“微预习”的作业，将下一课要学习的课程内容公布在微平台上，引导学生提前进行预习和讨论。微课教学还有一个优势就是它通常都有着比较正规准确的字幕，可以使学生反复观看视频，对字幕中的一些重点进行反复记忆和学习，使学习的成效得以提高。

3. 英语阅读教学中的微课运用

随着教育信息技术的发展，微课已经融入人们生活的许多领域，并改变着人们的生活方式和工作方式。可见微课可以成功地运用于高职英语的教学过程中。

（1）英语阅读教学的微课设计原则。

第一，功能化。通常一个个微课视频的时长为 8～10 分钟。在这个简短的时间段内，教师要充分考虑到每个知识点的教学目标。针对英语阅读教学的不同环节，微课视频的设计要突出不同的重点。当为课前阶段所用时，微课的内容应当以课文的文化背景介绍为主；当为课堂阶段所用时，微课的内容可以阅读重难点分析、阅读技巧讲解、教学的主要内容总结、本堂的作业布置为主；当为课后阶段使用时，微课的内容可以是教师对于知识点的详细分析、对于课堂教学内容的总结等。

第二，系统化。微课设计的重点是构建相关的知识体系，需要使一些相互关联的知识以及一些逐渐增加难度的知识同时融进这个知识体系当中。每一个微课都会重点讲解一个知识点。这一个个的知识点最后会变成一个知识的整体。这些以阅读为重点的微课都是围绕着英语教材的一个个知识点展开的。这种展开的方式也有不同。

第三，兴趣性。如果微课的内容新颖活泼、丰富多样，那么就能吸引学生进行自主的阅读。所以在设计微课时，教师务必要将学生的兴趣点作为重点来考虑。如果教师能够顺利营造出一个轻松愉悦的学习氛围，就很容易使学生迅速融入微课的教学环节中。教师应当提前与学生进行沟通，了解学生学习过程中遇到的难点，然后针对这些难点来设计微课视频的主题，以保证学生学习的效率。另外，教师要尽力减少长时间的理论性的讲解过程，要把足够的时间留给学生去用于思考，这样才能真正提高学习的效率。当一小段理论讲解结束后，教师马上就应该安排一段练习以帮助学生理解和消化，还要对学习的效果及时进行跟踪和测试。

（2）微课应用于英语阅读教学的具体流程。微课在英语阅读教学中的应用模式包括前期分析、内容设计、视频制作、课堂设计、评价五个环节。

第一，前期分析。微课是一种新的教学形式，也是一种新的资源。教师在确定微课的学习目标和主题时，要充分考虑高职英语阅读教学的目标，结合大纲的内容，使之与学习者的需求相契合。教师在设计微课前要做好准备工作，包括要提前了解英语教学大纲的难点和重点，掌握和明确学生学习的目标，准确预测学生学习的结果等。

第二，内容设计。在英语阅读教学中，教师对微课程内容的设计应从阅读技巧、阅读文本类型、篇章结构几大模块来规划。微课的制作应遵循连贯性的原则，使学生更好地建立阅读知识体系和掌握阅读技能。

第三，课堂设计。微课的一个重要步骤就是进行课堂真实教学过程的录制。一些早期的国外录制的微课程其实就是“翻转课堂”。英语微课非常适用于翻转课堂。在课前开展微课能够引导学生更好地熟悉教学的内容；在课堂上开展微课，有助于课堂教学的推进，增强课堂教学时的趣味性、提高实用性。

第四，评价。制作好微课视频后，教师应当及时将这些视频上传到学生熟悉的网络平台上，以方便学生在线进行学习。教师应当在学习微课的平台上增加即时评价的板块或功能，以提升师生间互动的效果，提高教学的质量和效率。教师评价可从教学目标评价及总体设计评价两方面入手。这样教师能够及时得到学生微课学习效果的反馈，并针对学生的评价进行分析，帮助学生指出其在学习过程中的不足，也可以及时调整微课的内容。因此，教师就可以根据学生在平台中的动态进行信息搜集，从而完善平台功能以及教学内容。

综上所述，将微课应用于英语阅读教学是合理的选择，也顺应了教育信息化的时代需求。英语教师要加强教学与信息技术的整合，提高对微课的开发和使用能力，使它真正服务于英语阅读教学。

（四）微课模式下的英语翻译教学

高职英语翻译教学工作具有跨学科、跨文化的性质，但实际上翻译教学工作中未能将翻译教学工作和其他学科的知识进行结合，致使翻译教学存在一定的局限性。

为了使高职英语翻译教学与众多的学科教学形成系统，突破现有局限，并且对更多优秀的翻译人才进行培养，相关人员需要加强对翻译教学工作中现存问题的研究，提出适宜的解决对策对其进行处理，进而为高职英语翻译教学水平的提升提供更多支持。

1. 英语翻译教学中的微课模式的意义

在高职英语翻译教学中，教师需要以学生的兴趣为切入点，通过开展学生感兴趣的翻译教学来提高学生参与的积极性。学生只有参与其中，才能更好地掌握教师所讲解的英语知识。因此，在兴趣教学的实行中，教师可以利用微课模式进行教学。微课教学的特点鲜明，能够在短时间内体现重点内容，同时教学方式灵活多变，能够时刻给学生新鲜感，让学生对翻译教学一直抱有期待。与此同时，微课教学的教学资源丰富。学生通过对微课教学资源的应用，能够更快地掌握英语知识。总而言之，在高职英语翻译教学中，微课教学是非常有效的教学模式之一。更好地开展微课教学对实现英语翻译教学目标有着促进作用。

2．英语翻译教学中微课教学的应用

（1）在翻译理论教学中应用微课。首先，教师在课堂教学开始之前，需要对自身掌握的翻译理论进行总结分析，将有应用价值的翻译理论整理出来，对每一种翻译理论进行讲解，并罗列出具体的案例。其次，在课堂教学中，教师可以先为学生播放微课课件。通常情况下，微课课件的时间是 5 ~ 15 分钟。在短时间的播放中，语言讲解与图片、音乐等的结合，可以为学生创设一个良好的学习环境。最后，在微课课件播放完成之后，教师可以进行二次总结，与学生就课件内容进行讨论，在活跃课堂氛围的同时加深学生的记忆，促使学生能够掌握翻译理论知识。

（2）在跨文化意识培养中应用微课。学生在进行翻译时，会受到本土文化的影响，按照既有的文化意识翻译。所以为了翻译得更加准确合理，学生需要加深对西方文化的了解。当学生翻译西方故事时，首先需要充分了解西方文化，其次要调查故事背景，最后要努力将故事的原意表达出来。教师应该根据学生翻译的需要，在教学过程中利用十分钟的微课，向学生传递西方文化知识，让学生充分了解西方社会背景和风俗民情，帮助学生提升翻译的准确度。

因此，大学教师在开展英语教学过程中，要注重翻译教学。教师应积极采用多种教学模式，将理论与实践结合起来，不断提升教学技能；将总结出的教学经验融入微课教学，拓宽翻译知识讲解范围，以提升教学效率。这有利于为学生的英语翻译学习打下牢固的基础，并可以帮助学生在未来从事英语方面的工作时能做到游刃有余。

社会越来越需要大量专业翻译人才，并且需要他们具有较高的素质。为了迎合社会的需求，高职应加大对英语翻译教学的重视程度。高职应对存在的问题，抓紧研究，全面分析总结，不断调整课程安排和学生的学习内容；增加学生关于其他国家文化知识的学习课时，充实教学内容，鼓励教师使用多种教学方法，促使英语翻译教学取得实质性的进步。

第二节　慕课视域下的英语教学模式创新

慕课时代，我国高职英语课程建设已经开始积极寻求改革途径，突破传统高职英语教学模式的束缚，依托现代教育的新技术，开始慕课资源的开发应用及其相关问题的研究。慕课是在互联网背景下发展出来的一种新型在线授课模式。我国高职英语教学应用慕课资源，能够有效促进高职英语教师拓宽知识面、深化专业理论、提高信息技术素养，推动高职英语教师角色多元化、专业化发展。

慕课资源在很大程度上改变了高职英语传统教学模式，有利于提升高职英语教学质量。慕课资源多数来自国内外一流学府，学习资源具有丰富和高质量的特点，并且不受时空限制，可以持续性地为学生的学习提供服务与支持。

现在部分大学将慕课引进高职英语教学中，教师借鉴慕课的教学理念，构建了慕课在线教学平台，改进传统的在线课程，完善校本精品课程，同时有选择地将慕课优质课程添加到本校资源中，不断丰富着本校的在线课程，为学生提供了更优质的教学资源和服务。而且，教师在充分了解了慕课资源的优点和弊端之后，可以扬长避短，将慕课应用于教学之中，更好地发挥学生的主体作用，有效提升高职英语的教学质量。

一、慕课时代对英语教师的要求

慕课时代，高职英语教学面临前所未有的冲击与挑战，高职英语教师要抓住慕课带来的机遇，加强高职英语慕课资源的开发与应用研究工作，积极寻求教学模式上的探索与突破。借鉴慕课教育理念，高职英语教学除了要传授基本的语言知识和通用技能之外，还要培养学生的学术英语能力和跨文化交际能力。

高职英语教师要敢于尝试新事物，通过学习和模仿示范慕课名师课堂等方式，亲身体验网络课程的优缺点，发挥慕课的优势，提升自身业务水平和教授能力。在体验全新的学习模式之前，更要针对教育对象选择合适的学习材料和学习内容，并为以后的高质量课堂教学奠定基础。

高职英语教师关注基于慕课的混合式教学模式的开发，热衷于“微课”“翻转课堂”的设计和制作。要求教师熟悉掌握微视频的制作方法；大学要积极组织开展微视频经验技术专题研讨会。讨论在微视频的创作过程中，教师能否将每一个知识点都生动形象地讲授出来，能否对重点、难点有非常清晰的认识并将课程内容按其内在关系进行完美分割，又能经得住视野被拓宽的学生提问的冲击，这些问题的确给授课教师带来极大挑战，也提出更高的要求。

高职英语教师要积极尝试在学生课后的自主学习中完成指导者的角色，为学生提供及时的网上学习帮助和建议，使学生把握好慕课平台英语自主学习的正确方向，达到学习效果的优化。高职英语教师要注重整合最新的英语教学材料，制订完善的教学计划并结合不同专业组成慕课调研小组，要注意慕课内容的容量适度和互动性，针对不同情况的学生的英语学情进行分类指导。

二、慕课资源对英语教学的重要作用

（一）高职英语教学模式的改善

高职英语教学的改革目标是要借助慕课改进高职英语教学模式，提高高职英语教学质量。从模式视角显示，慕课表征着精心设计出来的新颖流程，接纳了人本思路、选用建构流程、接纳程序模式。对比传统授课，慕课变更了传统的单一模式，创设交互思路。在设计课堂时、后续评价时，都凸显了改变。高等教育的未来发展趋势应是慕课与课堂研讨相结合的一种混合教学方式。这种混合式教学模式现已渗透到高职英语教学之中，在混合式教学活动中，教师不再掌控所有学习活动，而是引导学生有序开展自主学习、小组讨论和相互评价，进而提升学生的自主学习能力、思辨能力和创新能力。

慕课教学模式中，教师对相关知识进行分析与讲解，指导学生的自我发现与探索学习，以实现学生的自主学习。在高职英语教学中，慕课作为一种新型的网络教学模式，巧妙设计课堂内容，并以视频片段的方式呈现给学生，其中穿插阶段性的小测试，这要求学生的课堂注意力高度集中。

1．教育对象的开展

慕课的基本思想是现代教育的“开放性”，慕课这一新型教育手段极大地拓展了受教育对象的数量，这是传统课程无法比拟的一种优越性。

高职英语类慕课的开发，满足了很多对英语感兴趣、想在某种能力方面提高自己或者渴望接受更加优质专业的英语课程的学生。中国大学慕课平台拥有的用户群体，集中分为三类：在校学生、都市白领阶层以及具有终身学习意愿的人。其中，也不乏部分学生的积极参与。在中国大学慕课平台中极具好评的《高职英语（口语）》慕课课程的教育对象也出现“全龄化”趋势，只要有提高英语学习水平意愿的学生，都可以加入其中，有不少学生学习的目的并不在于拿到证书，而是纯为了提高自身英语水平和交际能力。

2．教学内容的多样性

慕课内容都是来自世界顶尖大学的优秀教师团队所开发的优质课程，其教学的内容与传统的课堂教学相比更丰富。慕课打破了时空和地理的界限，可以随时随地利用网络资源，实现跨越时间和地域空间界限进行学习，实现了大范围内学习信息的共享。

慕课课程具有与时俱进的特点，其更新速度紧跟时代步伐，这样慕课在网络平台更新的速度也随之加快。与传统高职英语课堂教学的教学内容死板、教学方法落后相比，慕课课程有更大的优越性。慕课课程的学时分配少于传统课程的学时。慕课的课程内容大都是以模块为主，每个单元的重点和难点就是知识串联起来的重要依据。在相对短暂的教学时间里，教师的主要任务是展示教学的重难点与精华内容，以吸引学生听课的注意力、激发学生的学习兴趣，保障学生能够以饱满的热情和动力完成相关课程的学习。因此，保证了教学的质量。

慕课是一种生成式课程，课程所包含的知识随着课程的进展而不断增加。在整个学习的过程中，教师与学生分享优秀的学习资源，与传统课堂中教师的一人讲授相比，教学内容更加丰富。

3．教学手段的扩展

传统高职英语教学注重教师在课堂的主导地位，所有教学问题，基本都是通过课堂师生之间面对面的交流而解决的。而慕课所具有的网络教学的开放性、交互性和自主性等特点，注定要打破传统高职英语的教学理念和手段，也决定了教学方法发生变化，其主要表现在以下三个方面：

第一，新的教学方法旨在提高学生自主学习的能力，而不是单纯强调教师的主导地位。在学习过程中，学生接受教师的指导，但并不完全依赖于教师讲授，而是自主地探索发现并习得知识。学生学习慕课课程时面对的是视频，并不能完全受控于课堂管理。因此，如何能够让学生愿意参与到这一学习过程中来，这是教师在教学设计中应该考虑到的首要问题。在慕课的应用过程中，教师在准备慕课视频，到后期讨论与资源的设计与分享上，都要进行精心的雕琢与设计。

第二，借助网络资源的便捷优势，继续探索新的教学方法。充分地利用现代教育技术手段以及丰富的网络教学资源，是开展高职英语教学改革的重要途径，通过师生与生生之间的交流互动以及讨论，可以有效地解决传统高职英语教学方法单一枯燥的问题。借鉴慕课教学的知识单元化、主体化等特点，改革传统的教学方法，积极推进高职英语的混合式教学是当前的教学改革的重中之重。

第三，慕课突破了传统课堂教学的限制，教师可以把教学环境拓展到其他符合课程内容与氛围的环境中去，学生也可以依据自己的喜好，选择自己喜欢的平台或者教师进行交流和学习。

4．教师角色的转换

教师角色是指处在教育系统中的教师所表现出来的由其特殊地位决定的符合社会对教师期望的行为模式。英语教师角色可归结为建构主义、双主模式、社会学习理论及一系列语言学理论。网络教育中，慕课平台是一个虚拟的教学环境，教师与学生在各自的空间通过网络技术进行教学活动。较之传统课堂，师生的关系趋于平等化、民主化。

随着慕课的进一步发展，高职英语的教学也将不断改革创新，这对高职英语教师的角色转变提出了新的挑战和要求。在网络教育中，教师角色发生了变化：

第一，学生转为教学活动中学习的主体，而教师则是整个教学活动的策划者和指导者。教师肩负着课程设计、课堂管理、活动策划、问题答疑、学习评价、教学效果分析等多种职责，而学生则需在教师的指导下，独立自主地完成教师所布置的学习任务。慕课课程的学习，教师不再是课堂的主宰，课堂也不再是教师的一言堂，学生的主体地位在反转课堂中得到充分体现，而教师的主导地位并没减弱，反而加强了。

第二，教师由知识的传授者转变为网络课程的开发者和优质教育资源的提供者。课前教师需要搜集整理并制作与教学内容相关的教学视频、教学课件，旨在让学生对即将学习的知识有所了解。在学习的过程中，教师会予以支持指导。

（二）学生的自主学习能力的提升

基于慕课教育平台的高职英语教学，实现了学生自主学习能力的提升和学生学习积极性的开发与培养，慕课课程能够非常积极地引导师生间去互动，主要是因为它本身具有学习时间短、每周学时少的特点，这样教师会避免传统课堂冗长及学生注意力不集中的问题，教师在新学期前会把作业提前发到个人邮箱，以提醒学生需要在开学前做出怎样的准备工作，同时慕课还设有学生讨论区，鼓励学生对于教师布置的作业题目进行一同参与讨论，提高了学生的主人翁意识，使其积极参与到学习过程中。因此，慕课使学生从单调乏味的传统课堂中解放出来，提高学生学习兴趣，增强学习主动性，提升学习内驱力。

基于慕课资源的个性化学习使学生的角色也发生了变化，在传统课堂中，学生是知识的接受者，而在慕课模式下，学生是知识的生产者。学生根据教师的指导和要求，自主安排学习的内容、速度、时间和空间。慕课给学生提供很多英语学习的机会，开阔了学生的视野并拓宽了知识面，刺激了学生的兴趣增长点。在慕课学习过程中，学习效果良好的学生可以转变身份为教师，辅导其他同学共同进步。

学生自主学习能力的提高体现在以下方面：

第一，学生的自主学习方式的选择。根据个人喜好，学生自行选择喜欢的课程以及学习方式，以金融或会计专业的学生为例，学生在慕课平台可以选择与专业相关的英语课程。例如，金融英语课或者公司金融课等，且选择英文版本。如果学生坚持学完所选课程，既可以获得结业证书，还可收获更多专业知识，同时提高英语听说能力。

第二，学生的合作学习方式的选择。很多学生喜欢慕课的重要原因之一是网上社区，学生们可在社区这样轻松的氛围里交流学习并获得知识信息，学生还可以在社区里分享自己的创意和作品，相互学习借鉴，激励自主学习，达到共同进步。

第三，学生的个性化学习方式的选择。学生自身的英语能力和基础会影响到其课程进度的安排，在网络学习中，对于相对熟悉的内容可以选择快进或略过，对于相对生僻的内容可以选择重复播放，与此同时，学生可以自主安排学习的时空和设备，以提高学习效率。

第四，学生自我检验学习方式的选择。学习过程中，教师给学生安排诸多的测验，并且实时公布测验的结果与答案，学生根据每次测验的成绩，可以了解到自己近期的学习情况，学生还可以根据自己的需要重复测验，以强化对知识的理解，提高自主学习能力。

（三）教师的教学能力的提高

参与慕课教学的教师不但对自身教学能力做出反思，在专业的信息技术人员的指导下，大学教师教学能力有了显著的提高。慕课教育理念要求教师具备较高的教学水平和教学能力。面对慕课所带来的影响，各大学以教师发展中心为依托，完善高职英语教学的内部促进机制，为提升高职英语教师的教学水平与能力提供了支持。

慕课不仅带来了高职英语教学理念、教学内容、教学方法等方面的诸多改变，同时也挑战高职英语教师原有的知识结构和教育观念。一方面，高职英语教师通过学习慕课课程，提高了自身的 ESP、EAP 水平，进而有能力开设出高质量的校本高职英语慕课课程，更好地满足广大学生的学习需求；另一方面，教师通过学习有关英语教学法的慕课课程，提升了信息技术环境下的多媒体教学能力和水平。

（四）创新课程建设的创新

近年来教育界对高职英语的课程定位和设置展开了大量的探讨和思考，相关的调查分析也证实了当前高职英语教学仍然以传统的通用英语为主，高职英语课程教学模式落后。高职英语课程类型急需丰富，教学质量有待提高，这样才能更好地满足学生的学习需求，提高学生的学习兴趣，这种需求也体现了慕课给传统课堂带来的冲击。教育信息化与全球化时代的到来，“开放共享”的教育理念成为未来教育领域发展的主要趋势，也使高职英语在课程设置方面得到了进一步的优化，在课程内容与课程结构上也有了新的设置，为了培养学生的专业素质和语言能力，课程基于语言的专业性、工具性与人文性三个方面进行建设。

新的高职英语课程不仅加强语言知识、语言技能的学习，而且注重跨文化交际等能力的培养，同时还要加强学生在专项语言技能以及人文精神方面的培养。当前，高职英语课程的设置，主要以通过全国高职英语四、六级考试为目标，新的课程建设要做好本科生在通过高职英语四、六级后与语言文化类课程、人文素质类课程的过渡与衔接，增强学生对背景知识的理解与文化传承创新的综合能力，最终实现通识为本、全人观的教育理念。在高职英语课程的设置与开设方面，旨在培养学生的综合人文素质和文化修养。

学校亦可创新课程设置。比如，通过增加海外的“文化之旅”“游学活动”“海外校园体验之旅”等类似活动，培养学生的跨文化交际意识与国际理解能力。基于慕课的高职英语课程建设，能更好地满足学生的学习需求，更好地满足国际化视角下的高职英语课程建设需要，更好地契合当前社会对于广大毕业生的要求，也更好地提升广大教师的专业能力和素养。

（五）优质教育资源开发与共享的推动

慕课是基于在线网络平台针对大规模不确定受众的学习平台，具有课程受众面广、参与自主性强、课程资源丰富、课程知识碎片化、课程服务个性化等特点。慕课平台展示了丰富的国内外优质教育资源，打破传统高教中优质教育资源的垄断地位，激发了大学间的良性的教育竞争压力，进而提升高等教育的水平和质量。教育的发展趋势是以互联网为主要载体的学习环境，而传统的教室将变成学生们自主学习或者协作学习的场所，学生可以自主选择学习内容，自主安排考试测验，自由复习课程知识点，传统的大班授课逐渐被替代为小组学习与讨论。优质教育资源的共享为学生提供了英语学习环境与平台，在这个环境中，学习内容与活动丰富且学习资源质量不断地提升和扩展。信息技术的发展与普及给高职英语教学注入新鲜血液。

慕课教学模式发挥了大学的资源辐射作用，目前各大慕课平台上提供的部分学历教育课程，已经形成了一个小的市场，大学和教师是企业，课程是产品，学生是顾客，学生获得了选择课程的权利，大学和教师面临了被学生选择的压力。

随着课程市场的形成，市场竞争的加剧，教育资源将被优化重组，教育质量将会获得极大提升。大学间合作方式的创新也可以推进地方大学参与优质教育资源的共享和建设。大学之间的合作与共赢，可以全面实现并提高优质教育资源的共建共享。与此同时，地方大学需结合本校特色，通过大学联盟的方式构建新型的大学合作关系，力争全面实现大学资源的共享和互补。

只有明确联盟大学利益分配机制，才能实现大学个体利益与联盟集体利益的最大化，并在此基础上实现资源同享，推动联盟持续深入发展。除了共享实验仪器、图书文献等硬件资源，以及优秀师资、办学经验等软件资源外，还包括共同参与优势专业学科建设、共同开展高水平项目研究等机会资源上，体现联盟内大学共同发展宗旨。

三、英语教学中慕课资源的开发与运用

（一）教育理念的创新

网络时代的教育理念要理论结合实际，以学生的兴趣为中心，而非以教师为中心。慕课发展环境下，传统的指令性教学模式转变成了辅助性学习服务，教师的“主导”中心角色发生了转换，教师需具备多样性、多学科的知识领域来充实自我，实现角色的转型，才能够在新兴媒体众多的形势下开展有效的教学与指导工作。

高职英语教师应具有驾驭“技术”和“教学设计与实施”的重要能力，借助慕课，学生随时可以接受最前沿的最大化的信息，教师要做的就是“授之以渔”，提供各种英语学习资源，并鼓励学生积极利用这些学习资源：组织各种生动活泼的课堂活动，帮助学生规划英语学习，更好地实施切实可行的学习方案和目标等。

总体而言，教师应具备六方面的能力：较强的教学技术和方法实施能力；对教学内容解读和资源建设的能力；对教学的组织掌控能力；教学异步管理能力；监测研究能力；教学环境营造的能力。

教师只有具备以上六种能力，才可能开发出优质的慕课课程。高职英语教师应积极参加相关慕课教学方面的培训，培养和提高慕课开发能力，提高慕课开发的兴趣和愿望。也唯有增加高职英语教师学习培训的机会，提高完善自身的慕课开发建设水平，鼓励其制作慕课，并可适合移动端访问，乃是英语慕课发展的重要方向。

（二）青年教师团队的构建

教师信息化教学能力作为新型的教学技能，是教师专业发展的核心能力，是大学教学质量的保障，要得到大学和教师的重视。大学层面，应加大对青年教师信息化教学能力的技术培养和物质支持。

开发慕课人力资源，需要充满活力的教师团队。并不是每位教师都是

合适的人选，从年龄结构上看，青年教师应该占教师团队的主体。动机是计划开展的必要前提，慕课英语教学模式改变了传统的教学模式，具有几十年的英语授课经验的老教师一时难以接受慕课这一新鲜授课方式。正如现在，在多媒体广泛运用于教学的年代，很多老教师依然选择板书授课、手写备课。

当前的青年教师是云生活的新人类，生活在微信、微博等电子媒体中的教师们，对基于电子信息技术的授课模式具有更强的动机。一般情况下青年英语教师是高学历的尖端人才、思想前卫，教师们的心智结构符合慕课开发的基本条件。尽管青年教师的教学经验不足，但是教师们的记忆力、感知能力、想象力等都处在发展的顶峰，在长期接受国外文化的影响下，教师们接受知识快、学习能力强、创造力丰富，所以教师们是慕课开发的最合适人选。

（三）课程黏着力的增强

慕课不是全能的，应尝试在课程设计应用教学新模式，受限于教师的观念、教学习惯、信息素养和对在线学习质量的顾虑等因素，O2O（在线离线/线上到线下）混合模式仍然是我国大学主要的努力方向。慕课的学习由于没有人为监控和驱动，学习依赖于学生的自我调控；学生自发地交流、协作、建立连接、构建学习网络。学生进行基于多种社交媒体的互动式学习，通过资源共享与多角度交互拓展知识的范围；通过交流、协作、构建学习网络，通过社区内不同认知的交互构建新的知识。

因此，如果慕课学生的动机问题在目前课程模式下得不到解决，学习的“黏性”就难以维持，完成率提升就变得十分困难。慕课时代，传统的教学模式已很难应对这些变化。要满足社会和学生的新要求，进一步推动高职英语教学的发展，教学模式的改革显然是势在必行。应形成“慕课模式+课堂研讨”的混合式教学模式。对中国大学而言，受众最广的外语类课程是《高职英语》，在绝大多数大学里被定为低年级学生的必修课，微课程作为一种先进的教学技术手段，具有一些常规课程所不具有的特点。它是一种多元的信息输出手段——“音画结合”。教师话语伴随着PPT的文字与图画同时呈现，后者对于学生理解教师话语起到了极大的辅助作用。所以，这种辅助作用应该得到充分的利用。

高职英语课程基于慕课也可探索翻转课堂模式。国内对翻转课堂的研究和实践刚刚起步，仍处于引进、介绍的阶段。学生学习的关键因素就是提问。翻转课堂与传统课堂相比，优势在于它将学生置于一个以问题为主要线索的教学活动环境。少数学生在课前的自学活动中会产生的问题，因为没有得到及时的回答，到了课堂上可能会忘记当时的问题，如果能够得到及时的回答就更好。因此，要建立一个能及时记录学生学习过程中疑问的机制。例如，将问题记录在网络学习平台上，或在学习平台中镶嵌即时在线辅导工具，在规定时间内可以相互交流，或者邀请专家答疑。如此一来，学生的问题可得到即时回答，课堂上再进行深度探讨，加深其认知过程和知识内化，达到更好的学习效果。

（四）学生积极参与的肯定

鉴于很多学生对慕课还不了解，只有通过对慕课学习的切身体验，学生才会真正了解其有用性和易用性。教师可以鼓励学生学习相关的慕课，或积极考虑将慕课引入课堂。例如，进行翻转课堂的尝试等。学校可以通过举办讲座等方式介绍慕课，使更多学生深入了解慕课平台及课程，提升学生对英语慕课的接受水平。

教师可以鼓励学生了解并学习英语慕课，也可以考虑将慕课引入到英语课堂。例如，探索高职英语翻转课堂教学模式或者微课教学模式等。同时，还要对学生给予证书、学分认证、奖学金或其他奖励来鼓励学生参与慕课学习。使学习优秀或表现优秀的学生可以获得物质方面的奖励或精神方面的支持。

鉴于高职英语慕课教学模式中存在的情感缺失问题，高职英语教学应把教学设计的重点放在“教”与“学”的交互研究方面，加强教学反思与评估。教学相长，师生互动，构建和谐共进的师生关系。慕课以学为主，打破传统教学以教为主的教学模式，可以教学相长。情感与认知是学生参与学习的两个基本维度。积极的情感会给学生带来学习的动力和持久性，因此，在慕课时代，教师与学生应寻求共学共进。经验越丰富的教师越愿意积极主动地与学生交流，越容易让学生感觉到教师的存在。

教师主动激发师生互动有四个关键技巧：第一，不要被动等待学生来提问，而要主动鼓励学生向自己提问，以确保学生时常投入到学习之中；第二，勇于尝试在教学中应用新型技术工具，发现并确定哪种工具或设备适合应用于教学中，以保证师生互动的技术通道的通畅性；第三，善于鼓励慕课学习空间中负责任的行为，引导学生合乎规范的学习行为；第四，善于管理自己的在线时间，事先规划以便有效整合教学资源，同时还需提供备用方案以防由于突发的技术障碍而带来的不利影响。

（五）慕课教育教学体制的完善

高职英语改革要科学引导慕课应用，建立健全慕课教育教学体制，让慕课教育发挥良好作用。慕课的质量监控、课程认证和学分认可等，将影响慕课的可持续发展，因此这一部分既是将来实践者探索的重要内容，也必将是研究者关心的重要主题。只要教师有机会能不断地与网络课程磨合，就该有充分的理由看好网络课程的发展前景。国家根据不同大学的发展水平和特点，制作出符合实际和课程的慕课测评方法。例如，学生所修的在线课程达到某种标准就可以获得相应的学分，而这些学分是获得该校学位的必要组成部分，而且学校之间应打破资源垄断，可以进行学分互认互换，互相促进，进而使得慕课趋于正规化，这样，学生通过慕课而学习到的知识技能可以得到社会的认可，慕课也可以获得持续发展的动力。

应将英语慕课结业证书或者课程进度纳入学生过程性考核。首先，要求由重视教学结果的评价向重视教学过程的评价转变，加强对平时作业练习、课中和课后测验、学习日志、论坛参与、演示操作等的评价，弱化传统的期中测评和期末考试。以过程性评价促进和引导学生积极地学习，而不是在所有课程过程结束后给学生一个合格与否的评判。其次，以教学平台为基础，采用形成性评价和总结性评价相结合的方式评价学生学习绩效，把学生自评、生生互评以及教师评价融入教学过程的各个环节，实时向师生提供反馈信息，为教师调整教学策略、针对性解决某学生具体问题提供依据，也有利于激发学生的学习兴趣、提高其成就感与学习绩效，切实提升英语教学的实效性。

慕课考试采用线上线下考试相结合的形式。目前，考试缺乏诚信是慕课最大的缺点。相比较而言，一些相对成熟的慕课平台，通过采取摄像头等方式来进行身份认证。但这种方式不但需要学生金钱上的投入，还不能完全保证诚信。中国的慕课平台尚缺乏身份认证，因此作弊现象严重。为了弥补这一缺陷，采取线上线下考试测评相结合的方式。例如，期末考试放在线下进行，而平时测试和课后作业在线上进行。如果学生平时的学习态度不认真，测试作弊，就会影响到其线下考试的顺利进行。这种线上考试和线下考试相结合的测评形式既提高了考试的透明度、发挥了慕课平台的线上优势，又利用课堂保证了慕课考试的诚信度。

（六）健全多元投入机制的成立

优质资源的共建共享需要社会多方的支持。有关部门进行多方的投入和“成本分摊”机制将成为教育信息化可持续发展的重要保障。改革资金的投入方式，将单向经费援助转变为专项业绩补贴。在加强经费援助的同时，给提供优质网络教育资源且社会效益良好的单位提供一定的经费补贴与奖励。重要的是国家要争取出台统一的技术标准，规范网络资源建设的质量和通用性，能够按统一标准执行应用系统的设计以及优质资源的研发、制作，来保证资源共建的标准化、规范化。同时，国家应积极鼓励社会企事业单位、社会组织、社会力量，以商业化运营方式参与资源共建、利润分享，并充分发挥市场机制在资源配置与共享中的核心作用。

目前，为了有效调动大学和教师开发慕课资源的积极性、提升慕课的应用与服务水平，应积极探索政府主导支持建立、学校主体建设、共建共享的社会发展模式，构建基于公益性和市场化相结合的共建共享体系。

第三节　基于翻转课堂的英语教学模式创新

随着教育制度的不断变革，一种新型的教学模式开始出现在人们的视野中，这种模式被称为翻转课堂，更加注重培养学生的自主学习能力。翻转课堂和英语教学相结合，提高了高职英语的教学质量。

一、翻转课堂教学方法的认知

翻转课堂被教育界称为“翻转课堂式”教学模式。与传统的教学模式完全不同，传统的教学模式是以教师讲课—布置作业—回家练习的传统顺序完成。“而翻转课堂是知识传授与知识内化的颠倒，翻转了传统课堂的教学结构”，翻转课堂与传统的教学模式形成一个鲜明的对比，翻转课堂“先学后教”理念的技术化使其执行性极大提高，消除了传统教育过程和教学内容的强制性和思维过程的依赖性，重点在于把知识转化为自己的东西，真正做到了“以学生为中心”。

翻转课堂，从教学组织的角度而言，就是将知识分段，翻转课堂的目的就是将知识片段化，教师制作教学微视频，学生在课前观看微视频，并随时对疑难知识点进行讲解，课中师生之间还可以利用互动来对知识进行充分吸收，课后微视频还可以起到复习巩固的作用。国内外学者对翻转课堂的解读体现在宏观和微观两个角度。从宏观来看，是对翻转课堂理论的定义，也就是翻转课堂对知识传授、内化的翻转；从微观角度来看，翻转课堂是过程内涵。

具体而言，翻转课堂教学方法具有七方面的特征：第一，注重学习过程。学生在学习过程中提高职业能力和学习业绩，以此实现教学目标。第二，注重学生思维方式的培养。在教学过程中，注重学生思维、发现及分析解决问题的能力，注重思维方式、学习能力的培养。第三，注重学生自主学习习惯和能力的培养。在翻转课堂教学过程中，无论是课前、课中还是课后，都有一定的形式、任务和压力来培养学生的自主学习能力。第四，注重学生合作精神的培养。学生在未来工作中最需要的就是团队合作能力，所以，在翻转课堂教育过程中利用团队合作的方式进行学习有利于合作精神的培养。第五，从传统教学“关注知识的传授”向“关注学生的发展”转变。以学生为中心，以培养学生职业能力为目标开展教学。第六，从传统教学怎样“教好教材”向怎样“用好教材”转变。课程不等同于教材，教材是课程的主要知识载体。因此，在教学过程中，在充分发挥教材作用的基础上，将行业企业的新知识、新技术和新方法等及时融入教学内容之中。第七，从“传统教学”向“新理念教学”转变。教师和学生的理念转变是核心。

二、翻转课堂思想下的英语教学设计

（一）基于翻转课堂的英语教育模式创新

伴随着教学体系的创新完善，高职英语的教学方式正不断改革，发生着日新月异的改变。从最初的单一教学结构转变为今天多元化的教学结构，教学效益可谓大幅提升。而翻转教学这种新型理念正在逐步改变传统的教学模式，独占整个高职英语教学，深受各界人士的喜爱。

翻转课堂作为一种创新型教学模式，不能替代传统教学模式，但是能够在英语教学中发挥重要的作用，提升课堂教学的效率，从而提升学生英语学习的效率。在翻转课堂的运用过程中，需要特别注意以下两点，以更好地发挥其效果：

第一，不论是教师还是学生都应该从自身出发做好身份角色的转变。对教师来讲，之前的授课模式都是以自己为中心，而如今转变为督促、监督和指导的身份，那么这个过程中就极其考验教师如何能够及时发现学生学习中的问题并且做出指导，否则不仅学生学不到有效的知识，教师也会被架空，没有尽到做教师的义务。而对于学生而言，打破常规的翻转课堂，让学生的学习由被动变为主动，这个转变是不容易的，学生要逐步适应这种模式，锻炼自己的独立学习能力，跟上学习步伐。

第二，学生应该注意翻转课堂的时间调配问题，课下主要完成应该学习的知识任务；在课上也能将自己掌握的知识积极与教师和同学交流，不明白、不会的问题及时提出，相互之间形成互动。在翻转课堂的教学模式实施过程中，不仅加深了同学与同学、教师与同学之间的交流，还拓宽了彼此之间相关知识结构的层次深度。

翻转课堂这一新颖甚至超前的授受理念得以快速发展，离不开教育学家和心理学家的持续钻研。经过学者们的反复研究，完全否定了之前的那种教学模式：教师不顾进度“灌入”知识，学生等被动式地“输入”知识，完全没有独立自主的学习能力。反之，翻转课堂模式采用“先学后教”、学生完全自学的模式，彻底培养了学生的自主学习能力，并且在这个自学的过程中学生可以充分发挥自己的想象能力，尝试各种学习手段，最终找到适合自己的。并且教师也不再是一味“灌入”者，而是帮助学生答疑解惑。翻转课堂教学模式的成功引入，使得英语课堂教学的互动性得到了提升，极大促进英语教学的发展。

（二）以翻转课堂思想为指导的高职英语教学流程设计

1. 做好课前准备

做好课前准备，教师对课堂教学的目标更为清晰、流程更加了然于心。课堂教学将更为流畅，紧凑。课前准备分为三个步骤：

第一步，教师要明确所教授的教学内容，设计符合教学需求的导学案，因材施教，确保每位学生都乐于参与并且有所收获，这是教学的依据，备课的蓝本。

第二步，导学案主要是引导学生主动学习，教学视频、导学案应提前准备分发并注意应符合学生适龄的学习特点。要求其课前观看视频，认真预习，自主进行教学内容学习，解决导学案中基础部分后做提高题，对难度较大的问题要做好标记罗列出来，以便在课堂上学习更加具有针对性。

第三步，教师在课前收取学生的导学案，进行疑难问题的归纳，待到课中辅助学生解决，学生也可用其他互动方式，与同学进行交流讨论学习。

2．重视学生导学案的完成情况

教师需提前一天收集学生已经完成的导学案，逐份查看，了解跟踪学生导学案的完成情况，耐心分析细致查找学生在学习过程中出现没有掌握的知识点状况，以此作为对导学案完成情况的调研及学生导学案完成的小结与指导，要积极主动寻找方法，例如，可以多次反复播放相关教学视频，既温故复习又发现问题，自主高效地解决学习中的疑难点。

教师也可安排各小组进行组内的互动学习，在小组交流环节再次对知识点强调、指导、点拨，学生要结合教师指导，进一步讨论展示内容，发挥互帮互助的作用，让已经适应且效果显著的学生帮助仍需磨合、潜力未发掘的学生，以期每一个学生都能更好地自适应所需知识，进入良性学习循环。

3．探索高效的教学方法

课后，教师应根据学生在英语课上的表现及导学案反馈中学生的接受度，总结学生学习中的不足，探究较好的高效教学方法，对课堂进行优化。发现学生学习中的闪光点和亮点，对问题及时纠正且弥补不足，以促进学生知识能在以后学习顺利转化吸收。而学生也可以通过新技术手段，例如网络平台等与教师及时互动，依据所分学习内容尽快更好掌握新知识，营造“共同探讨，全体进步”的学习氛围。

为了更好地解决彼此个人疑问，可以催生更有效的互助式学习。当新教学与导学案分发后，主动学习并发现不能顺利接受，需要到课中解决的问题，真正发挥高效课堂的高效。教师与学生在课后完成课后反思，进行知识的扩展与延伸。

三、翻转课堂在英语教学中的运用

近年来，大学毕业生的英语听力、口语、阅读、写作能力越来越受到用人单位的普遍重视，但对于中国传统英语教学效果相差甚远，面对此种现象，教师应该积极深刻反思此种现状，并力争找出对症之策，努力改善学生的语言学习方法以及学习效果。因而翻转课堂的教学理念出现在了一些高等教育的课堂实践中。

翻转课堂通过对教学结构的颠倒安排，重构教学流程，对英语听力、口语、阅读、写作教学有重要的启示。随着新技术的出现和时代的变革，高等教育英语听力、口语、阅读、写作教学也应该尝试以翻转课堂的形式做出适当的调整。高职英语听力、口语、阅读、写作翻转课堂教学新模式具有灵活性、时效性、开放性、模块化和多模态输入等特点，将翻转课堂的理念引入高职英语课堂，进行有效的听力、口语、阅读、写作翻转教学尝试，学生不再是知识的被动接受者，教师也不再是放音者，有利于实现学生的个性化学习，并为学生创建良好的语言学习环境和条件。将翻转课堂应用于高职英语的听力、口语、阅读、写作教学中，教学反馈效果良好。

（一）翻转课堂在英语听力教学中的运用

由于“互联网+”时代的到来，翻转课堂作为一种新的教学模式走进大学的课堂。它的教学模式符合英语专业技能的教学目标，现代化的教学手段把教师主导、学生主体的教学理念体现得淋漓尽致。想要提高英语的听力水平，这是一个需要长时间积累的过程，只有经过不断学习和积累，英语的听力才会有所提高。翻转课堂的教学模式打破了传统听力的局限性，使得听力水平的教学质量能够得到有效的提升。此外，还可以把这一教学模式应用到商务英语教学中去，这样不仅提高教学率，还能够提升师生之间的互动率。在听力方面，翻转课堂没有传统听力教学的特性，所以它的教学效果也比较明显。

1. 多样化教学工具的利用

多样化教学工具的利用主要有以下四种：

（1）英语歌曲欣赏。在空闲的时间，也可以听一些英文的歌曲，不仅可以放松身心，还可以在英文歌曲中学到一些表达方式和一些发音的技巧。这样学习起来能够达到事半功倍的效果。

（2）影视作品欣赏。多看一些电影作品也是有好处的。电影情节的丰富性使同学们快速融入剧情中去，在这个过程中，消除学生们学习的紧张感，使他们更好地吸收知识。当学生们投入电影情节中的时候，就会不自觉模仿，跟着读，这样有助于在平时上课时不敢张口说话的学生能够开口进行交流，进而发表自己的观点与看法。

（3）英语竞赛视频。给学生观看一些英语竞赛的演讲视频，在这个过程中，学生们不仅可以学习答辩者的语音语调，还可以学会一些在紧急时刻的应变方法。除此之外，还可以学到一些演讲技巧。从不同的方面不同角度去学习，高效提高英语理解能力。

（4）访谈视频。名人、明星的访谈节目对提高英语水平也有很大的帮助。因为受明星的吸引，然后去看这些视频，学生们对这个内容很好奇，然后就会关注其中的内容。并且其中会有很多前沿的学术性信息和一些真实的实例，这使学生不仅在学习上可以得到帮助，在生活上也会得到一定的感染。除此之外，可以观看主持人的主持过程，学到一些遇到紧急情况，如何完美地去解决这种遇到紧急问题的处理技巧。

2. 高职英语听力翻转课堂采用的教学

在课前，教师准备好有关的视频和音频，利用课余时间，学生自主听完，然后在课堂上，教师以引导和研究为主，把大多数的时间放在听力技巧的点拨上和对知识的扩展以及攻克疑难点上，使得课堂不只是讲授式，而是互动、讨论、讲授为一体的教学模式。

（1）教师准备方面。教师在上课的时候，除了要携带教材本身的资料以外，还应该携带自己录制的音频或者视频，作为讲授的资料。

第一，整合网络的扩展资料。教学内容不应该只局限于课本内的内容，由于接触到的资源有限，所以学生的语言输出自然会受到限制，随时间信心会被打击。听力是一个重视积累的学科，它不同于其他学科，所以教师的教学资源不应该仅依据课本，也要结合网络资源，使学生的学习生活更加丰富。教师要对这些信息资源进行整合，把它放到课堂上，供同学们使用。除此之外，教师还可以把难度分级，初级的要求是学生能听懂主题和大意即可，高级的要求则需要学生去查找对相关演讲人的介绍、主题的背景知识、主题的详细内容、文化信息等，然后回归课堂进行交流沟通，这样既能提高同学们的学习热情又能提高教学质量，可以收获更好的学习效果。

第二，课内教学准备。在教学准备上，教师要做的就是掌握熟练的教学本领，熟悉并且恰当运用一些技巧，能够把知识准确地传递给学生，标出重难点，适当的交流沟通会有效果，在此基础上，进行深刻的探究，然后可以在论坛上发表课题研究。

（2）学生活动方面。这方面涉及的是课前预习环节，其中包括两个方面的主要活动。如果想达到更好的学习效果，每节结束后都可以返回上一级进行学习。

第一，了解学习任务。通过网络平台，学生明确学习目标和课内外的学习任务，这样就能根据自身的特点有针对性地学习。

第二，观看翻转课堂视频。对于教师分享的视频，学生要独自下载完成，在观看的过程中，学生要针对教师提出来的问题，进行信息整合，明确自身的学习水平和节奏，把收获的信息实时记录下来，同时还可以通过交流平台反馈问题。

第三，课堂教学。要抓住课堂中的重点，学生们已经做好课前预习，省去了教师在课堂上再次播放此视频的时间。通过预习，学生们带着疑虑和疑惑来到课堂，然后教师会明确重难点，最后，在这个过程中不仅可以把话题引导到所要学习的知识和技能上去，也可以把学生们引导到一个感兴趣的地方使得他们的学习生活更丰富。

第四，个别化辅导。在翻转课堂中所提到的教学模式是师生互动和生生互动，但是在上述的教学活动中主要提及的是生生互动，在这个过程中，教师的主要任务都是指导学生参与活动，并且观察和监督他们的表现，在适当的时候给他们提供一些帮助和提点。在学生自学过后，肯定会出现一些疑惑或者理解上的偏差，这就需要教师根据个别学生出现的个别问题进行针对化的辅导。除此之外，还要留一部分时间给学生们消化知识内容和独立完成项目，再根据他们独立完成的任务进行个别化的辅导。个别化辅导的时间一般在课堂刚开始的时候或者是其他教学活动之前，这样避免有疑惑的同学遇到更严重的问题。不仅如此，也可以在教学活动之后，让学生们总结所学的内容，并且帮助他们排忧解难，他们更好地领会知识的内容。

第五，阶段性反思与总结。对教学工作进行阶段性的总结，找出教学中的不足，使得教学工作能够逐渐完善。工作的繁重和紧迫性导致教师们没有足够的时间进行教学后的反思。但是，在翻转课堂上，教师能够有足够的时间通过自身实践去探究问题的根本，并且在探究的过程中自己可以成为探究的主体；教师在设计翻转课堂的教学思路的时候，能够让自己全身心地在教学中发现问题、研究问题，并且解决问题。以研究者的身份置身于教学情境中，用研究者的眼光去审视在教学中的各种问题，并且反省自身，对出现的问题进行探究。经过一番探究与改正，不断推进教育行为的改变。

（二）翻转课堂在英语口语教学中的利用

翻转课堂是不同于传统教学的一种新型课堂教学模式，它利用现代网络技术和资源，把传统教学中教师课堂讲解这一环节放到课外，而把配套练习、师生互动以及生生互动放到课内。对于英语水平差、自信心不足、性格内向的学生，这种和谐关系能够帮助他们消除心理障碍，增强自信，使他们想讲英语、敢讲英语。在教学的过程中，视频教学往往比死板的书本灵活很多，而且在众多的学生中得到这一结论的验证，学生们在教学视频的过程中，对外国文化的深入了解表现出积极主动的态度，促进了师生之间的教学情感，同时增强了学生对英语的喜爱程度，在翻转课堂上学生整体表现出轻松的状态。翻转课堂的众多特点，表明了翻转课堂与英语口语教学结合的可能性，并且不断显示出其独特的优势。

1．翻转课堂与英语口语教学结合

翻转课堂可以在一定程度上解决口语课堂教学的典型问题，学界对高职英语口语教学中存在的问题已有深入的研究，其中在课堂教学方面比较典型的问题有：第一，学生兴趣和信心不足，口语学习普遍存在焦虑感；第二，学生的主体地位不明显，课堂口语活动实际参与度不足；第三，口语学习的内化环节缺失；第四，学生在课后的口语练习缺乏监督和评价；第五，在传统口语课堂上，很多学生羞于开口、易紧张，对口语学习缺乏动力和兴趣。

而在翻转课堂这种模式下，课前学生既可在独立私密的环境下自学，又能获得教师、同学的在线交流，能保护学生的自尊心而不用担心被嘲笑。通过反复练习，学生在课堂上展示出来的是准备充分的、成熟的发言，有助于树立大胆说英语的信心。教师在课堂上可以把更多的时间和精力用于开展梳理知识、互评互助、合作探究、总结点拨、反馈评价等知识内化活动，弥补了实际参与度低、口语实践时间不足的问题，学生也得到了个性化的指导。在课后，教师可要求学生将口语作业上传到在线平台，实现课堂的延伸和对课外练习的监督，能把握不同班级、不同学生在课堂之外对知识的掌握程度和作业完成情况。

2．英语口语教学活动的设计原则

（1）体现意义协商的交际策略。母语使用者在用外语学习交流时会采取两种手段：输入简化与话语修正。这些沟通技巧被称为交互修正，之后

有学者将其称为意义协商，不同的语言学家又从不同的角度对这个术语进行了不同的解释。将“理解核查、确认核查、澄清要求”这些沟通技巧作为交际策略的一部分进行介绍。本部分内容侧重介绍在意义协商中，说话人根据听话人的水平对自己的话语进行调整修正，使得听者理解原本不理解的话语。

在意义协商过程中，说话者为了让对方听懂自己的话，必须关注语言的准确性，如选择正确的词汇，运用正确的语法规则，将单词发准音等。同时，他们也会关注自己想表达的和能表达之间的差距。一般而言，信息沟和拼图式一类的活动最适合体现意义协商的交际策略。

（2）体现会话的社会交际性与事务性。在课堂教学之外，与他人之间的交谈往往出于两种目的：社会交际与处理事务。这里所说的社会交际就是指交流的目的是建立与维护人与人之间的社会关系；而处理事务是指交流的目的是处理事务，例如交流信息等。这两种会话又有各自的特点。社会交际性会话比较随意，话题涉及各个方面，所以相对而言，对于接下来的话轮转换以及会话往哪个方向发展具有不可预测性。

（3）符合学生所处的环境、兴趣与学习目标。英语口语教学活动的设计要符合学生所处的环境、兴趣与学习目标。学生所处的环境指的是本地区、本校，甚至本班的实际情况。在活动设计中将本地区具有特色的活动纳入口语教学活动，这样学生在认知上不存在困难，便于激发学生的认知图式，使学生有话可说，用英语表达自己身边发生的事件，学以致用，在用中学，又能激发学生的学习兴趣。学生有了学习兴趣，又会加快学习目标的达成。

为了使口语教学活动设计贴近学生的实际，教师偶尔也可以请学生参与活动内容的设计，请他们提供话题和活动形式。教师可以在学生提供的环境背景下设计诸如角色扮演等活动，或采用学生喜爱的歌唱等形式来设计活动。

3．高职英语口语翻转课堂的教学

翻转课堂教学模式的难点不在于教学顺序的替换，其真正的挑战在于高职英语教师是否习惯这种教学活动。教师要具备将结构化的知识转化成立体、真实的问题或任务的能力，能够合理地引导学生通过问题或任务的解决掌握相关知识和技能，让学生借助网络资源，通过知识的内化，自己逐步摸索出学好英语口语的方法。

在进行翻转课堂设计的初始阶段，翻转课堂的学习主要依靠学生自我建构来学习知识。因此，翻转课堂中的学生分析除了包括认知特点、学习动机、学习风格、起点水平分析外，还需分析学生对自主学习的态度、技能以及学生是否能顺利利用网络平台对教师提供的微视频等学习资源进行有效的学习，在此学习过程中学生是否能够有效利用讨论区或者交谈软件进行师生间、生生间的交流与协作等环境因素。

对课程内容的分析则必须结合翻转课的特点，一般为 5 分钟左右，最长不宜超过 15 分钟，运用最恰当的教学方法和策略讲清楚一个知识点，让学生在最短的时间内自己完全掌握和理解有价值的知识点，确保微视频能够满足学生的实用、易用和想用的直接需求。

微视频的设计必须紧密联系教学目标、教学大纲和教学内容，避免将重心放在微课制作技术上，如在视频的拍摄、画面的精美和声音的处理上投入过多时间和精力等。课程目标要单一，内容要清晰，使学生拥有更加聚焦的学习体验。微课程设计时要深挖细节，设计主题完整的微问题，以此加强微课程互动，促使学生思考，提高学习目标准确度，使学生对知识的理解更加深入、透彻。无论是知识的讲授还是问题的解决都要力图解决学生在学习过程中遇到的一些疑难问题。如果是课时较长的重点内容，可将其分为若干小主题供学生学习，使学生明确重难点以及知识点之间的联系，促进学生自主学习能力的提高以及逻辑思维能力的提升。

微课的最核心资源就是一段短小精悍的教学视频，这段视频应能集中反映教师针对某个知识点、具体问题或教学环节而开展精彩的教与学的活动过程，教学形式和教学活动地点可以多样化，这也是微课教学设计的关键环节。

（三）翻转课堂在英语阅读教学中的体现

在英语阅读方面，很多时候翻转课堂比传统模式显示更多优势，这种模式主要体现的是深度阅读，在阅读的同时通过分析产生共鸣。教师要求学生的深度阅读，很大程度上养成了学生在这方面的自觉性。经过反复阅读训练后会使学生养成一个快速阅读的技巧，正是这种课前的快速阅读才使课堂上的时间得到有效利用，让师生共同深入进行多方面的问题分析。

另外，在翻转课堂上，教师可以利用取长补短的方式进行教学，也就是说尽量发挥长处回避缺点，确实将学生的阅读能力提升到一个新的层次。

无论是课内阅读还是课外阅读，都应该兼顾大学生参与的积极性，这同样是翻转课堂所重视的关键点。

（四）翻转课堂在英语写作教学中的推广

1. 翻转课堂与英语写作教学结合的优点

在高职英语教学中，翻转课堂得到了推广与普及。第一，网络进驻校园之后，学生可以通过各种学习方式增强自身的综合能力，例如，自习室和电子阅览室等；第二，学生可以随时随地通过移动智能终端来丰富自己；第三，教师可以自己搭建在线学习平台使学生间互相交流，为师生之间有更好的交流机会创造条件；第四，教师不间断通过布置作文来考核学生。利用教学软件批改作文，此软件既节省了教师的时间又可以方便学生与教师互动留言，很大程度上提高了学生的写作水平。

2. 高职英语写作翻转课堂的教学改革

（1）课程连贯、教学素材本土性。选择的写作教材不仅要包括应用文文体，而且要包括基础写作、文学写作等其他文体，这些教材内容不仅要为学生提供更多的自学资料，而且能弥补教学计划中课程设置缺乏连贯性的不足。同时，在考虑版本时，教材的素材最好来自本土，提供学生比较熟悉的案例，符合语言教学的真实性要求，适合本地区教学。

（2）教学的多样性、操作性、指向性。为了让学生掌握形式各样的信函内容，教学应该井然有序地逐步加深章节内容，由简单简历和生活便条向商务信函和公务便函转变。教师通过教学的管理平台设置教学方案及相关资料的计划，实时通过网络软件与学生互动交流，同时铺设大量题库并且设有在线测试等方式。应该适当地整改教学形式，例如机房安排课程，让学生现场写作，不但能够得到教师的面对面辅导，还能通过网络软件查询相关知识点，最明显的是教师在机房课堂互动期间，随时掌握学生对知识点的熟练程度。此外，教师采用任务型教学法给学生制订某一阶段的任务量，让学生全面熟悉各种文体和基本知识的技能。

（3）教学过程的连续性。学生在上课前自学指定的教材章节和电子教案，上课时教师在布置写作任务后简要介绍任务将涉及的知识点，然后学生分头在计算机上写作。对于学生提出的共同问题，教师会集中讲解，但大部分时间是一对一辅导。为了保证课堂上每个成员的学习积极性都能调动起来，教师发动基础好的学生做小教师，帮助基础差的同学解决一些简单问题。

（4）教师通过平台批阅作文。学生把写好的作文上传到教学管理平台的计分作业栏目，由教师批阅作文。经过课堂上的个性化辅导，学生习作中的语法和句法错误已经不多见，教师批阅的作用主要在于肯定哪篇作文更加有逻辑性、更加合情合理，并且把优秀作文设置成“展示”，为没有到课的学生提供范例。

（5）教学评估的实践性、过程性。检验大学学生英语掌握情况，最直观有效的手段就是现场作文的检测。所以，这种课程对现场作文的质量特别重视，把它作为阶段性评估的重要组成部分。期末考试采用闭卷形式，范围覆盖本学期所学的全部应用文体，学生要根据既定的要求在机房内完成作文。

第四节　信息化视角下英语听力智慧教学模式

一、英语听力智慧教学模式

在全球知识经济浪潮之下，外语学习已经不仅仅是一种语言知识的简单积累和储存，而是更加注重整体外语能力的培养和提升。在结构主义影响下，我国传统的外语学习，以语言知识为结构，以词汇、语法或是基础语言技能为核心，外语考试则以语言知识点作为考查范围，由此形成了一个封闭机械的外语学习范式。当下的外语学习应积极借助于以互联网为核心的现代教育技术，创设人机友好的外语学习环境和界面，通过自主学习和有效教学方法，完成外语基本知识和基础能力的学习任务。高职英语听力教学也应顺应这一发展趋势，因此有关高职英语听力智慧教学模式的探讨就变得十分有必要了。

英语听力智慧教学模式是一种基于现代信息技术和智能数据分析技术的教学模式，旨在提高学生的英语听力技能。该模式的内涵包括以下几个方面：

（1）个性化教学。通过智能语音识别、自然语言处理等技术，实时分析学生的听力水平，根据学生的特点和需求，提供个性化的教学方案。每个学生都有自己的学习路径和进度，教学内容和方式都会根据学生的个体差异而有所不同，这有助于发挥学生的优势，弥补不足，提高学习效果。

（2）多样化教学资源。利用互联网和多媒体技术，提供多样化的教学资源，如英语新闻、电影、音乐等，帮助学生熟悉不同场景下的英语听力应用。这些资源可以为学生提供真实的语言环境，帮助他们理解英语的语调和语速，掌握不同的口音和方言，从而更好地应用所学知识。

（3）互动式学习。通过在线讨论、小组合作等方式，鼓励学生之间进行互动，提高学习效果和兴趣。学生可以在平台上发表观点、交流心得，共同探讨问题和解决方案。这种互动式学习可以激发学生的学习兴趣，促进知识的共享和传播，帮助他们更好地掌握英语听力技能。

（4）实时反馈。通过智能评估系统，对学生的听力水平进行实时评估和反馈，帮助学生及时了解自己的学习进度和问题。学生可以随时查看自己的学习成绩和进度，了解自己在班级中的位置，发现自己的薄弱环节，从而有针对性地进行学习和巩固。

（5）数据驱动教学。通过大数据分析技术，对学生的学习行为和成绩进行分析，为教师提供数据支持，帮助教师优化教学策略。教师可以通过数据分析，了解学生的学习状况和问题，及时调整教学策略，提高教学效果。同时，教师还可以利用数据分析结果，为每个学生制订个性化的学习计划和辅导方案，实现精准教学。

此外，英语听力智慧教学模式还强调学生的自主学习和合作学习能力，鼓励学生通过探究和实践，提高自己的英语听力技能。学生需要主动参与学习过程，发挥自己的主观能动性，积极思考和探索问题，从而培养独立思考和解决问题的能力。同时，合作学习也可以帮助学生发现自己的不足，借鉴他人的经验和方法，促进自身的成长和发展。

英语听力智慧教学模式借助现代信息技术和智能数据分析技术，为学生提供个性化、互动式、实时反馈的学习环境，帮助他们在多样化的教学资源中提高英语听力技能。同时，该模式还注重学生的自主学习和合作学习能力，鼓励他们在探究和实践的过程中不断提高自己的能力和素质。这种教学模式不仅可以提高学生的学习效果和学习兴趣，还可以为教师的教学提供数据支持和优化方案，推动教育教学的创新和发展。

二、高职英语听力智慧教学模式

智慧教育作为教育信息化的高端形态，对教育改革的方向起着引领的作用。教育信息化是实现智慧教育的手段和途径。而“智慧”教学，是指教师与学生在教学过程中充分地利用信息化时代的网络资源，优化传统的教学模式，从而实现提升教学效果和提高学习效率的目的。在下面的探讨中，围绕高职英语听力智慧教学模式展开，探讨其涵盖的三大子模式和探讨其教学影响。

（一）高职英语听力智慧教学课堂模式

该模式主要针对高职英语听力课程的课堂教学，共包含两个研究要点：

1. 负荷控制与分类输入的内容

由于在信息化技术的支撑下，师生能够随时随地、轻易地获得数量庞大的多种模态的英语视听资源，输入内容呈现碎片化、认知负荷高的显著特点。如果不对其进行处理，会严重增加学生的认知负荷并最终影响课堂教学的效果。因此，教师可以采取以下处理方式：采用大数据搜集同样主题的不同类型的听力材料进行连续输入，强化学生对该主题的语言知识和背景文化的了解，强化学生对该主题的认知理解能力；根据输入内容的难度选择单、双或多模态的输入方式，缓解学生的焦虑心理和帮助学生在听力过程中构建元认知。

2. 效果分析的方法

教师可以用电脑终端随堂测试和分析测试结果，或者通过网站上的听力测试题目来获取学生学习进度、学习轨迹等相关信息，分析错误类型，并结合测试成绩进行学习效果分析。教师可以用电脑终端随堂测试和分析测试结果，或者通过网站上的听力测试题目来获取学生学习进度、学习轨迹等相关信息，分析错误类型，并结合测试成绩进行学习效果分析。

（二）英语听力的自主智慧学习模式

英语听力的自主智慧学习模式主要针对高职英语听力的自主学习，主要包括以下四个方面：

（1）引导学生进行模态选择。在课堂上进行了对话听力后课后可以通过观看系列对话视频节目来强化学习效果，同理如果课堂上训练过听写，那么自主学习中可继续观看同类别的听写教学系列节目，或者提升难度观看没有英文字幕的视频以达到提高听写能力的目的。

（2）信息筛选。这是自主学习的一个难点，教师要通过线上互动形式指导学生根据自身水平、兴趣和目标着手从庞杂的听力与视频信息中筛选适合的输入内容。

（3）控制负荷。输入内容的难易直接影响认知负荷的高低，教师应该引导学生注意控制认知负荷并使其保持在波动范围内，听力或视频材料太难或者太容易都不利于认知负荷的控制和听力能力的稳步提升。

（4）效果的反馈。信息化时代的学生在自主学习过程中可以利用学习软件来记录学习进度和学习成效。

（三）英语听力的整合型智慧教学模式

英语听力的整合型智慧教学模式是一种在智慧环境下用拓宽阅读知识来提升听力理解能力、以朗读促进听力理解的整合型听力提升模式，原因在于影响听力理解能力的因素分为语音层面、语法层面、百科知识层面和认知理解层面。全球时代使得线上线下混合教学方式更容易得以实现，利用智慧教学手段来综合改善这四个层面的状况才是治理听力问题的根本所在，具体表现为指导学生用英语趣配音等软件锻炼配音朗读能力以改善语言状况，指导学生登录英语报纸杂志的网站、百词斩爱阅读等网上软件来拓宽百科知识面等。

具体来说，英语听力的整合型智慧教学模式包括以下几个环节：

（1）课前准备环节。教师根据教学目标和学生实际情况，设计出适合学生的教学内容和任务，并提前发布给学生。学生则根据教师的要求，进行课前预习和准备。

（2）智能听说环节。学生通过智能语音答题器完成听力练习，系统自动评分，教师根据学生的答题情况和反馈，进行针对性的讲解和指导。同时，教师还可以通过智能语音答题器，播放英语听力材料，让学生进行跟读练习，系统自动评估学生的口语表达能力。

（3）互动交流环节。利用计算机技术，开展多种形式的互动交流活动，如在线讨论、小组合作、互动展示等，以促进学生的英语口语表达和交流能力的发展。

（4）个性化学习环节。根据学生的不同需求和能力水平，设计出个性化的学习方案和任务，提供相应的学习资源和支持，如学习软件、在线课程、互动工具等，以帮助学生更好地提升英语听力水平。

（5）学习评价环节。通过智能化的学习评价系统，对学生的学习情况进行全面的评估和反馈，包括学习进度、成绩、能力提升等方面，以帮助学生更好地了解自己的学习情况和问题，及时调整学习策略和方向。

英语听力的整合型智慧教学模式可以为学生提供更加智能化、个性化和互动化的学习体验，促进学生的英语听力水平和口语表达能力的提升。同时，这种教学模式还可以为教师提供更加全面、客观、及时的教学反馈和评估，帮助教师更好地了解学生的学习情况和问题，调整教学策略和方法，提高教学效果和效率。

参 考 文 献

杜悦，2022．“互联网+”时代高职英语信息化教学模式探讨[J]．英语广场（30）：86-89．

侯海冰，2020．当代高校英语信息化教学改革研究[M]．北京：北京工业大学出版社．

荆睿丽，2020．英语教学设计理论依据的系统融合[J]．兰台世界（S1）：130-131．

刘娟，2020．高职英语教学中以人为本理念的运用[J]．延边教育学院学报，34（4）：176-177．

刘梦珏，2020．跨文化交际性下的文化认同与构建[J]．校园英语（11）：250．

刘亚峰，2016．论高职英语课程教学的现状分析和课程改革的理论依据[J]．中小企业管理与科技（下旬刊）（4）：127-128．

毛佳玳，2022．信息化背景下高校英语教学创新研究[M]．杭州：浙江工商大学出版社．

宋玉梅，2019．基础英语教学的认识和体会——浅谈我的课堂教学体会[J]．校园英语（21）：182．

孙铭阳，2022．高职英语教学模式改革研究[M]．长春：吉林出版集团股份有限公司．

孙晓东，2019．信息化发展背景下高校英语教育模式的拓展分析[J]．才智（28）：50．

汤海丽，2019．高校英语信息化教学改革与微课教学模式探究[M]．北京：冶金工业出版社．

王丽娅，2012．情感因素对高职英语教学的影响[J]．外语教学，33（6）：67．

王馨婕，2018．高职英语信息化课堂教学师生互动方法研究[J]．校园英语（17）：70．

肖莉英，2021．核心素养下高中英语德育教学的认识与思考[J]．中学生英语（48）：103．

张晓青，2020．唤醒教育——高职英语教学实践与反思[M]．北京：中国商务出版社．

赵占香，2018．高职院校职业英语课程设置——理论与实践[M]．北京：知识产权出版社， 郑锐，2019．“互联网+”背景下高职英语中慕课教育应用路径研究[J]．黑龙江教育学院学报，38（12）：73-75．

资灿，2020．高职英语教学的发展与创新研究[M]．成都：西南交通大学出版社．